Paul Wendland, Otto Kern

Beiträge zur Geschichte der griechischen Philosophie und Religion

Paul Wendland, Otto Kern

Beiträge zur Geschichte der griechischen Philosophie und Religion

ISBN/EAN: 9783743669727

Hergestellt in Europa, USA, Kanada, Australien, Japan

Cover: Foto ©ninafisch / pixelio.de

Weitere Bücher finden Sie auf **www.hansebooks.com**

BEITRÄGE
ZUR GESCHICHTE
DER
GRIECHISCHEN PHILOSOPHIE
UND RELIGION

VON

PAUL WENDLAND UND OTTO KERN

BERLIN
DRUCK UND VERLAG VON GEORG REIMER
1895

Verlag von **Georg Reimer** in Berlin,
zu beziehen durch jede Buchhandlung.

DOXOGRAPHI GRAECI
COLLEGIT RECENSUIT PROLEGOMENIS INDICIBUSQUE
INSTRUXIT
HERMANNUS DIELS
OPUS ACADEMIAE LITTERARUM REGIAE BORUSSICAE
PRAEMIO ORNATUM
PREIS: 24 MARK.

Sibyllinische Blätter
von
Hermann Diels.
Preis: 2 Mark 80 Pf.

In den Abhandlungen der Kgl. Preuss. Akademie der Wiss.
zu Berlin erschienen nachstehende Schriften von

Hermann Diels:

SENECA UND LUCAN.
PREIS: 2 MARK 50 PF.

ÜBER DAS DRITTE BUCH
DER
ARISTOTELISCHEN RHETORIK.
PREIS: 2 MARK.

ÜBER DIE
BERLINER FRAGMENTE
DER
ΑΘΗΝΑΙΩΝ ΠΟΛΙΤΕΙΑ DES ARISTOTELES.
MIT 2 TAFELN.
PREIS: 4 MARK.

Zur
Textgeschichte
der Aristotelischen Physik.
Preis: 2 Mark.

BEITRÄGE

ZUR GESCHICHTE

DER

GRIECHISCHEN PHILOSOPHIE

UND RELIGION

VON

PAUL WENDLAND und OTTO KERN

BERLIN

DRUCK UND VERLAG VON GEORG REIMER

1895

PHILO UND DIE KYNISCH-STOISCHE DIATRIBE

VON

P. WENDLAND.

I.

Unter der philosophischen Diatribe verstehe ich die in zwanglosem, leichtem Gesprächston gehaltene, abgegrenzte Behandlung eines einzelnen philosophischen, meist ethischen Satzes. Der erste Vertreter dieser besonderen Litteraturgattung, und wenn nicht ihr Schöpfer, doch der, welcher ihr einen bestimmten Charakter, ein eigentümliches Gepräge verliehen hat, ist Bion der Borysthenite. Ein äusserst lebendiger, oft durch Anrede der Hörer oder durch Einführung fingirter Gegner oder Personificationen dialogisch gestalteter Vortrag, eine vorwiegend polemische Tendenz, ein überreicher Schmuck von Versen der Lieblingsdichter, ein ebenso reichlicher Gebrauch von Apophthegmen und Anekdoten, eine Vorliebe für witzige Pointen und Antithesen, für stets treffende, nicht immer gewählte Vergleiche, kurz ein Vortrag, in allem berechnet, die Menge zu packen und zu fesseln, dazu ein Stil, der durch Satzlösung und Bevorzugung der Parataxe scheinbar auf alle Mittel kunstvoller Rede verzichtet, und der doch hierin wie im Gebrauche vulgärer Ausdrücke unter scheinbarer Kunstlosigkeit das höchste Raffinement und rhetorische Berechnung birgt, — das ungefähr sind die Kennzeichen der bionischen Diatribe, wie wir sie aus Teles und andern Benutzern und Nachahmern des Bion erschliessen können, wie wir sie namentlich in einigen Nachbildungen horazischer Satiren und in manchen Partieen der von Arrian mit so treuem Gedächtnis bewahrten Diatriben seines Meisters wiederfinden. Zwischen Bion und Teles einerseits, der Diatribe der ersten römischen Kaiserzeit andererseits klafft für uns eine grosse Lücke. In wesentlich und nicht zum Vorteil veränderter Gestalt tritt uns die philosophische Diatribe in den Vorträgen des Musonius und Dio Chrysostomos, in zahlreichen Stücken der neupythagoreischen Litteratur, in Briefen des Seneca und gefälschten Episteln des Heraklit, Hippokrates, der Kyniker, die aus ihrer Stilform herausfallend den Predigtton anschlagen[1]), entgegen. Der Vortrag ist hier meist ein ruhiger und lehrhafter, der Stoff wird wohl disponirt und systematisch behandelt. Man empfindet nicht den eigentümlichen Reiz, die Gedanken entstehen und aufblitzen zu sehen, sondern fertig treten sie einem entgegen. Der Gang der Erörterung ist vorher fest umschrieben und wird selten durch einen äusseren Anlass wie die Einreden eines Gegners bestimmt. Die Kunst des Periodenbaues, den die alte Diatribe oft absichtlich verschmähte, tritt wieder in ihre Rechte. Die philosophischen Grundsätze treten zurück, und die Ethik, die

---

[1]) Die Beweise s. unten.

ihrer Kraft nicht mehr vertraut, geht regelnd und vorschreibend auf alle einzelnen Gebiete des Lebens ein und droht in Kasuistik auszuarten[1]). Wohl ist es zum Teil dasselbe Gedankenmaterial, mit dem die alte und die neue Diatribe arbeitet, aber die Formen sind andere geworden, und der Zusammenhang der geschichtlichen Entwickelung verrät sich nur darin, dass versprengte Trümmer der alten Diatribe in die neue übergegangen sind, dass ausser einer Masse von Anekdoten, Apophthegmen[2]) und Dichtercitaten manche Schlagworte und Lieblingswendungen sich hinübergerettet haben[3]). Die Diatribe ist übergegangen in den zusammenhängenden Vortrag, in die Predigt, und vielleicht verrät sich diese Entwickelung auch darin, dass διατριβή, διάλεξις, διάλογος, ὁμιλία, während sie ursprünglich vorwiegend Schriften bezeichneten, die die Unterhaltung und den erzieherischen Umgang des Philosophen mit seinen Schülern oder anderen Menschen zum Gegenstande hatten, die allgemeinere Bedeutung eines populärphilosophischen Traktates annahmen.

---

[1]) Durch diese Richtung ist die von Sen. Epist. 94. 95 behandelte Streitfrage über den Wert des theoretischen und des praktischen (paränetischen) Teils der Ethik veranlasst, in der Seneca eine vermittelnde Stellung einnimmt.

[2]) Mitunter werden diese, wie sie zum Teil aus Lehrsätzen entstanden sind, in solche wieder umgeprägt. Die ganze Masse kynischer Apophthegmen ist bereits unter dem Einfluss der alten Diatribe geprägt (vgl. Hense Rh. M. XLVII S. 240. 232). Einen sichern Terminus ante quem bieten die Kynikerepisteln, die zum Teil massenhaft Apophthegmen aneinanderreihen. Möchte die Florilegienforschung bald an diesem sichern Punkte einsetzen!

[3]) Hense a. O. S. 239.

Die alte Diatribe lebt mehr in der Satirendichtung als in der Philosophie fort. Nur Epiktets Diatriben nähern sich ihr wieder, nicht nur durch bewusste Anknüpfung und Nachahmung, sondern auch schon dadurch, dass sie als wirkliche Gespräche, in denen der Lehrende die Hörer zu mitforschender Teilnahme zwingt, dem sokratischen Dialoge, aus dem zum Teil die Diatribe hervorgewachsen ist, verwandt sind.

Auf die durch Bion heraufgeführte Blüte der Diatribe scheint bald ein Niedergang eingetreten zu sein. Aber auch bis zu ihrer neuen Blütezeit wird die Diatribe fortgelebt und sich fortentwickelt haben. Das beweist vor allem das Zeugnis des Cicero Tusc. III 81: sunt enim certa quae de paupertate, certa quae de vita inhonorata et ingloria dici soleant; separatim certae scholae sunt de exsilio, de interitu patriae, de servitute, de debilitate, de caecitate, de omni casu, in quo nomen poni solet calamitatis. haec Graeci in singulas scholas et in singulos libros dispertiunt; opus enim quaerunt, quamquam plenae disputationes delectationis sunt¹). Die philo-

---

¹) Die meisten dieser Themata findet man später bei Sen. De rem. fort. behandelt, vgl. Epist. 95,54. Im Beginn von Epist. 94, in der Seneca für den paränetischen Teil der Philosophie, der besonders in der Diatribe gepflegt wurde, eintritt, heisst es: Eam partem philosophiae, quae dat propria cuique personae praecepta nec in universum componit hominem, sed marito suadet quomodo se gerat adversus uxorem, patri quomodo educet liberos, domino quomodo servos regat, quidam solam receperunt. Die Behandlung der beiden ersten Themata durch Musonius ist uns bei Stob. erhalten.

sophische Diatribe scheint die weite Verbreitung der stoischen Moral vermittelt, die geistige Atmosphäre der gebildeten Welt mit einer tieferen Sittlichkeit erfüllt und ihre ethischen Gedanken auch Kreisen vermittelt zu haben, die der Philosophenschule fern standen. Schon Dioskurides (um 100 v. Chr.) sehen wir in seiner Schrift Περὶ τῶν παρ' Ὁμήρῳ νόμων in der Weise der späteren Diatribe den stoischen Massstab an alle Gebiete des Lebens anlegen, sehen ihn, auch wo er Aristarch und das peripatetische Sammelwerk benutzt, in noch höherem Masse, als sein letzter Bearbeiter annimmt, in der Auswahl des Stoffes von stoischen Grundsätzen beherrscht[1]). Horatius hat schwerlich nur an Bion oder Ariston, sondern auch an zeitlich ihm näher liegende Muster der Diatribe angeknüpft. Und wenn neutestamentlichen Schriften manche Begriffe und Ideen, Stilformen und Vergleiche mit der philosophischen Litteratur gemeinsam sind, so ist es nicht ausgeschlossen, dass die Diatribe schon auf Stücke der urchristlichen Litteratur einen gewissen Einfluss ausgeübt hat, den man sich nicht einmal litterarisch vermittelt zu denken braucht. Einen besonders wichtigen Zeugen für das Fortleben der Diatribe in der Zeit vor ihrer zweiten Blüte glaube ich in Philo entdeckt zu haben. In seinen Schriften finden wir Stücke, die die Lieblingsthemata der späteren Diatribe behandeln. Den Zusammenhang oft störend, verraten sie sich als willkürliche Einlagen und heben sich öfter auch

---

[1]) S. R. Weber Leipz. Studien XI.

stilistisch merklich von dem Tone ihrer Umgebung ab[1]). Mit Musonius zeigen sie die auffallendste Uebereinstimmung und weisen eben dadurch auf ältere Quellen hin. Alle Gebiete des Lebens, Speise und Trank, Kleidung und Wohnung, das Verhältnis von Mann und Weib, die Formen des öffentlichen Lebens, die Neigungen und Thätigkeiten der Menschen werden hier mit stoisch-kynischem Massstabe gemessen[2]).

II.

Im Genuss von Speise und Trank empfiehlt Philo die Beschränkung auf die notwendigsten Bedürfnisse. Gott selbst ist ja bedürfnislos, und je weniger der Weise bedarf, um so mehr nähert er sich der Gottheit[3]). Arm

---

[1]) Einzelne kürzere Reminiscenzen an diese Stücke finden sich dann oft auch in einem Zusammenhange, der an und für sich nicht an eine solche Quelle würde denken lassen.

[2]) Fürs Folgende ist zu beachten: Die einzelnen Teile von Philo De spec. leg. unterscheide ich nicht, da man sie nach Mangeys Seitenzahlen leicht findet. Conybeares Ausgabe von De vita contemplativa hat mir öfter, auch wo ich sie nicht citire, gute Dienste geleistet. Stobaeus citire ich, soweit er in der neuen Ausgabe vorliegt, nach Seiten von Wachsmuth und Hense, sonst nach Meineke. Die Parallelen aus Clemens zu Musonius sind, wo Hense sie mitteilt, nicht wiederholt. Clem. bezeichnet des Clemens Alexandrinus Paedagogus, den ich nach Paragraphen citire. Die besonders auffallende Uebereinstimmung Philos mit der Diatribe in einzelnen Ausdrücken ist durch gesperrten Druck hervorgehoben.

[3]) De fort. 3 S. 377, Harris, Fragments S. 101 b. Der Gedanke

ist im Grunde keiner zu nennen, da jedem der Reichtum der Natur, die Luft, das Wasser der Quellen und Flüsse, die Früchte sich zum Genusse bieten[1]). De praem. et poen. 17 S. 424 heisst es: πλοῦτος δ' ὁ μὲν τῆς φύσεως[2]) εὐτελής ἐστι τροφὴ καὶ σκέπη· τροφὴ μὲν οὖν ἄρτος καὶ ναματιαῖον ὕδωρ, ἃ (lies ὃ) πανταχοῦ τῆς οἰκουμένης ἀνακέχυται[3]). Und die Nahrung der Therapeuten, bei denen Philo das Ideal einer naturgemässen Lebensweise verwirklicht findet, ist Brod nebst Salz als Zukost[4]) und Wasser. ἃς γὰρ ἡ φύσις ἐπέστησε τῷ θνητῷ γένει δεσποίνας, πεῖνάν τε καὶ δίψαν, ἀπομειλίσσονται τῶν

---

ist zuerst bei Xenophon Mem. I 6, 10 ausgesprochen: ἐγὼ δὲ νομίζω τὸ μὲν μηδενὸς δέεσθαι θεῖον εἶναι, τὸ δ᾽ ὡς ἐλαχίστων ἐγγυτάτω τοῦ θείου, von Kynikern wiederholt.

[1]) De fort. 2 S. 376 De somn. I 16 S. 635 τροφῆς μὲν γὰρ ἀναγκαίας ἄπορος οὐδείς, ἄχρις ἂν πηγαὶ μὲν ἀναβλύζωσι, ποταμοὶ δὲ πλημμυρῶσι (so die besten Hss.), γῇ δὲ τοὺς ἐτησίους ἀναδιδῷ (codd. ἀναδίδωσι) καρπούς. Quaest. in Gen. II 67.

[2]) Q. omn. prob. lib. 12 S. 457 τὴν ὀλιγοδεΐαν καὶ εὐκολίαν, ὅπερ ἐστί, κρίνοντες περιουσίαν, „Philos Schrift über die Vorsehung" S. 91; vgl. das Apophthegma des Sokrates bei Stob. S. 265, 13 Hense αὐτάρκεια γὰρ φύσεώς ἐστι πλοῦτος (Gnomol. Vatic. ed. Sternbach Nr. 476. 180) Epicurea Fr. 471. 476. 477 (Epikurische Spruchsammlung 25. 44) 202, vgl. Usener S. 71, 15 und S. 376, Heinze, De Horatio Bionis imitatore S. 20 Eusebius bei Stob. S. 53, 8. 416, 15 Hense, Sexti sent. 294 Elt., [Hippokrates] Epist. 17, 37 S. 303 Hercher, Clem. Paed. II 7.

[3]) Brod und Wasser: Quaest. in Exod. II 18 (= Harris S. 55, vgl. II 72). De vict. 3 S. 239 ἄρτος γὰρ ἐραστῇ σοφίας διαρκὴς τροφή.

[4]) Fast wörtlich übereinstimmend [Diog.] Epist. 38, 4 πόμα δὲ ὕδωρ ναματιαῖον, τροφαὶ δὲ ἄρτος καὶ ὄψον ἅλες ἢ κάρδαμον.

εἰς κολακείαν ἐπιφέροντες οὐδέν, ἀλλὰ αὐτὰ τὰ χρήσιμα¹), ὧν ἄνευ ζῆν οὐκ ἔστιν (D. V. C. 4 S. 477. 10 S. 484). Während V. Mos. III 29 S. 169 die Getreidefrucht als einzig notwendige Nahrung, sogar die Früchte als unnötig bezeichnet werden, werden De somn. II 7 S. 665 neben Brod und Wasser als ἡδύσματα ἀναγκαῖα wenigstens γήτεια καὶ λάχανα καὶ πολλὰ τῶν ἀκροδρύων καὶ τυρὸς καὶ εἴ τι ἄλλο ὁμοιότροπον genannt²). Die Gestattung der Fleischkost wird hier wie Quaest. in Gen. I 18 II 58 als besondere Koncession angesehen³). Der Zweck der Ernährung ist die Erhaltung des Lebens⁴), und dieser

---

¹) Nützlichkeit und Notwendigkeit sind die Normen des naturgemässen Lebens. Gegensatz von ἀναγκαῖα und ἄμετρα, περιττά: De ebr. 52 S. 389 Leg. all. II 6 S. 69 III 52. 53 S. 117 De agric. 9 S. 306, vgl. V. Mos. I 6 S. 85. III 29 S. 169 Q. omn. prob. lib. 12 S. 457 Philonea ed. Tischendorf S. 63, 1 Legat. ad. Gai. 35 S. 586 Quaest. in Gen. II 67 IV 35 Quaest. in Exod. I 6 II 18 (= Harris S. 55). 72 Harris S. 101 b. De somn. I 20 S. 639 ist etwa zu lesen σιτίων καὶ ποτῶν ⟨πλὴν⟩ αὐτὸ μόνον τῶν ἀναγκαίων ... ὑπερόπται, vgl. Harris S. 108. — Quod deus immut. 31 S. 294 De plant. 16 S. 339 wird ohne Nennung des Namens das Apophthegma des Sokrates (Laert. Diog. II 25 Cic. Tusc. V 91) citirt, der angesichts einer reichen πομπὴ gesagt habe ἴδετε, ὅσων χρείαν οὐκ ἔχω. Porph. De abst. I 54 S. 128, 23 N. (Epicurea S. 296,21) hat man Victorius' Besserung mit Unrecht verschmäht: πολὺ γὰρ τὸ ἡδὺ ἐν τῷ κατανοεῖν ὅσων αὐτὸς χρείαν ⟨οὐκ⟩ ἔχει.

²) De spec. leg. 5 S. 273.

³) Wenn De somn. eine einfache Zubereitung der Fleischkost τρόπον ἡρωικῶν ὄντως ἀνδρῶν verlangt wird, so ist diese Bemerkung veranlasst durch die Litteratur über Sitten und Lebensweise der homerischen Helden (Dioskurides, Seleukos), vgl. von Arnim, Quellenstudien S. 122. 123 [Lucian] Cynicus 14 Clem. II 72. 78.

⁴) διαμονή, Philonea ed. Tisch. S. 63,2. 64,1.

Zweck ist mit der Befriedigung von Hunger und Durst erreicht. Daher heisst es, wohl mit Reminiscenz an Xen. Mem. I 3,6[1]) von den Therapeuten (D. V. C. a. O): διὰ τοῦτο ἐσθίουσι μὲν ὥστε μὴ πεινῆν, πίνουσι δὲ ὥστε μὴ διψῆν. Die ἐγκράτεια wird die Grundlage des gesamten Lebens De somn. I 20 S. 639 (vgl. D. V. C. 4 S. 476 De vict. 3 S. 239) genannt[2]). Auch den Weingenuss sieht Philo als überflüssig an[3]).

Die genauesten Parallelen zu diesem philonischen Ideal der naturgemässen Lebensweise giebt uns Musonius, der einzige stoische Philosoph, von dem uns eine systematische Behandlung dieses Gebietes erhalten ist. In seinem Vortrage über die Verbannung (bei Stob. S. 751 II) führt er aus, dass der tüchtige Mann nirgends, auch in der Verbannung nicht, Mangel leide (oben S. 9) καὶ γὰρ οὐδὲ δεόμεθα πολλῶν, ἂν μὴ βουλώμεθα τρυφᾶν·

ἐπεὶ τί δεῖ βροτοῖσι πλὴν δυοῖν μόνον,
Δήμητρος ἀκτῆς πώματος θ' ὑδρηχόου,
ἅπερ πάρεστι καὶ πέφυχ' ἡμᾶς τρέφειν[4])

---

[1]) συνεβούλευε φυλάττεσθαι τὰ πείθοντα μὴ πεινῶντας ἐσθίειν μηδὲ διψῶντας πίνειν.

[2]) Xen. Mem. I 5,4 τὴν ἐγκράτειαν ἀρετῆς εἶναι κρηπῖδα, angeführt von Iamblich bei Stob. S. 271,17 Hense und nachgebildet bei Sext. sent. 86 a Elt.

[3]) De Jos. 26 S. 63 V. Mos. III 29 S. 169 De mon. II 7 συνόλως μὲν οὖν τὴν οἴνου χρῆσιν ἅπασι τοῖς κατὰ τὸν βίον ἀλυσιτελεστάτην εἶναι ὑποληπτέον κτλ. Quaest. in Gen. II 67.

[4]) Eur. fr. 892 N. An den letzten Vers des von Chrysipp viel benutzten Citates erinnert die S. 9 angeführte Stelle aus De

λέγω δὲ τούς γε λόγου ἀξίους ἄνδρας οὐ τῶν ἀναγκαιοτάτων[1]) μόνον πρὸς τὸν βίον ῥᾳδίως ἂν εὐπορεῖν ἔξω τῆς οἰκείας (so lese ich statt οἰκίας) ὄντας [2]) ... Die der Nahrung gewidmete Diatribe (S. 503 H) beginnt Musonius mit dem Gedanken ἀρχὴν καὶ ὑποβολὴν τοῦ σωφρονεῖν εἶναι τὴν ἐν σιτίοις καὶ ποτοῖς ἐγκράτειαν (s. oben S. 11). Die einfache Nahrung soll der kostbaren, die leicht zugängliche der schwer zu beschaffenden vorgezogen werden [3]). Die angemessenste Nahrung ist für den Menschen die von den Pflanzen und von den lebenden Tiere gewonnene, namentlich die, welche einer Zubereitung durchs Feuer nicht bedarf[4]), οἷα δὴ τά τε ὡραῖα καὶ τῶν λαχάνων ἔνια καὶ γάλα καὶ τυρὸς καὶ κηρία [5]). Auch Musonius verwirft die

---

praem. et poen. Auf Musonius mag zurückgehen Clem. Alex. II 19 φυσικὸν μὲν οὖν καὶ νηφάλιον ποτὸν ἀναγκαῖον διψῶσίν ἐστιν ὕδωρ. Vgl. auch II 119 [Diog.] Epist. 33,3 τῇ μὲν ἐμῇ πενίᾳ κρῆναί τε καὶ γῇ ἐπίκουροι 36,5.

[1]) Vgl. S. 10[1] und Quaest. Muson. S. 4, Musonius bei Stob. S. 175,2 II τὸ τῆς χρείας ἀναγκαῖον, S. 175,14 περιττὰ καὶ οὐκ ἀναγκαῖα.

[2]) Auch das Folgende berührt sich mit De praem. et poen. a. O.; vgl. auch Musonius bei Stob. II S. 337,9 ff. Sen. Epist. 25,4 divitiae paratae sunt ... panem et aquam natura desiderat. nemo ad haec pauper est Dial. XII 10, 5, Epicurea Fr. 201. 602 (oben S. 9[2]) Clem. II 14 οὐδεὶς δέ ἐστιν πένης εἰς τὰ ἀναγκαῖα III 40 Plut. De cupid. divit. 2.

[3]) εὐτελής — πολυτελής, εὐπόριστος — δυσπόριστος, vgl. S. 528. 529 H. Auch De praem. et poen. a. O. die bei Philo beliebten Ausdrücke εὐτελής, πολυτέλεια, εὐπόριστος.

[4]) Laert. Diog. VII 26 heisst es von Zeno ἀπύρῳ τροφῇ χρώμενος, vgl. Zeller II 1 S. 318 Weber Leipz. Stud. X S. 117. 118 Dümmler, Antisthenica 15.

[5]) Vgl. oben S. 10, über die Kyniker Zeller II 1 S. 318 Teles S. 4,9. 30,10 H., ferner Epicurea Fr. 466 ff. 181 und S. 64,1.

Fleischkost als zu schwer und dem Denken hinderlich[1]). Die menschliche Nahrung muss der göttlichen möglichst ähnlich sein[2]), d. h. die leichteste und reinste. Und dafür beruft er sich auf das Wort des Heraklit: αὐγὴ ξηρὴ ψυχὴ σοφωτάτη καὶ ἀρίστη. Er verwirft die Künste, die den Zweck haben τὴν ἐδωδὴν τῆς τροφῆς ἐφηδύνειν καὶ τὴν κατάποσιν κολακεύειν[3]). Die Unmässigen sind körperlich schwächer, die Mässigen gesunder und kräftiger[4]); die Schwelgerei ἄμφω διαφθείρει, ψυχήν τε καὶ σῶμα, σώματι μὲν ἀσθένειαν καὶ ἀδυναμίαν, ψυχῇ δὲ ἀκολασίαν καὶ ἀνανδρίαν ἐμποιοῦν[5]). Der Mensch soll die Nahrung zu sich nehmen οὐχ ἵνα ἥδηται, ἀλλ' ἵνα τρέφη-

---

[1]) Vgl. Galen Protr. 11 Sen. Epist. 15,2. 3, die Stellen des Plut. bei Peerlkamp, Musonii reliquiae S. 323.

[2]) Der S. 8 besprochene ethische Gedanke, der hier ins Physische übertragen erscheint, findet sich zum Teil wieder in einem Satze des Musonius bei Stob. III S. 196 Mein. ἕνα δὲ καὶ μόνον πιστεύσομεν εἶναι πλούσιον καὶ σοφὸν τὸν δυνάμενον κτήσασθαι τὸ ἀνενδεὲς πανταχοῦ, genauer noch bei Clem. III 1 [Lucian] Cynicus 12.

[3]) Vgl. bei Stob. S. 526,7 H. Clem. II 9, oben S. 8 und D. V. C 6 S. 479 γεῦσιν ἡδῦναι, unten S. 19.

[4]) Bei Stob. S. 506,4. 528,8 ff.

[5]) Mus. bei Stob. III S. 149, 16 ff. Mein. (Clem. II 2. 7. 17 [Diog.] Epist. 28,5 Sextius bei Sen. Epist. 118,18. Eusebius bei Stob. S. 293,7 II, Kiessling zu Hor. Sat. II 2, 70 ff.) Oft betont auch Philo den Schaden, den die Unmässigkeit Leib und Seele bringt: D. V. C. 4 S. 477 πλησμονὴν ὡς ἐχθρόν τε καὶ ἐπίβουλον ψυχῆς τε καὶ σώματος ἐκτρεπόμενοι Leg. all. III 20 S. 99 De ebr. 6 S. 360. 52 S. 389 Apol. bei Eus. Praep. ev. VIII 11,11 Quod. det. pot. ins. 27 S. 211 De agric. 22 S. 315 De vict. 3 S. 239 De concup. 4 S. 352 De mon. II 7 S. 227 Legat. ad. Gai. 2 S. 548 Quaest. in Exod. II 18.

ται und διαμονῆς ἕνεκα¹). Er soll nach dem Worte des Sokrates essen, um zu leben, nicht leben um zu essen²).

Zum Vergleich mit Musonius sei noch herangezogen eine Ausführung der philonischen Schrift über die Vorsehung II § 109 ff. (= Eus. Praep. VIII 14,66 ff.), wenn diese auch aus einer verschiedenartigen Quelle geflossen ist. Philo beruft sich dort, indem er die geistige Begabung der Griechen im Gegensatz zu den Leugnern der Vorsehung, die die Armut Griechenlands anklagen, rühmt und auf die Feinheit der Luft zurückführt, auf das von Musonius angeführte Wort des Heraklit³): αὐγὴ ξηρὴ ψυχὴ σοφωτάτη καὶ ἀρίστη. Dies Wort findet er auch dadurch bestätigt, dass die Nüchternen und Mässigen verständiger, die Unmässigen unvernünftig seien⁴). Philo bekämpft dann

---

¹) Bei Stob. S. 526,6. 527,7 H., vgl. oben S. 10 und Ps. Plut. Περὶ ἀσκήσεως Rh. M. XXVII S. 531. Mit der S. 9 angeführten Stelle aus D. V. C. ist zu vergleichen Clem. II 29 ὡς γὰρ τροφαῖς ἐπὶ τὸ μὴ πεινῆν, οὕτως καὶ ποτῷ ἐπὶ τὸ μὴ διψῆν χρηστέον Sen. Epist. 8,5. Wörtlich benutzt wird Xen. Mem. I 3,6 bei Clem. II 15, vgl. Hense Rh. M. XLV S. 545. 546 Iuvenal 14, 316.

²) Bei Stob. S. 526,16 ff. (Clem. II 1. 14). Ueber das Wort des Sokrates ist jetzt zu vergleichen Hense S. 295,7 495,4 (503,2), Sternbach zum Gnomol. Vatic. Nr. 479, Conybeare S. 219, der es dort nicht treffend zum Vergleiche heranzieht.

³) Zu beachten ist die Uebereinstimmung des Philo und Musonius in der Interpolation des Citates (s. Hense), die auf eine beträchtlich ältere Quelle zurückgehen mag. „Philos Schrift über die Vorsehung" S. 81⁴.

⁴) ἅτε βαπτιζομένου τοῖς ἐπεισιοῦσι τοῦ λογισμοῦ, vgl. Clem. II 5. 17 Galen Protr. S. 15,22 K.

seinen epikurischen Gegner, der mit Unrecht Gott den Vorwurf mache (§ 97), dass er den Menschen alle Mittel zur Schwelgerei dargeboten. Wenn der Mensch alle Arten von Fischen, Vögeln und Landtieren für seinen Genuss verwende, so sei darum nicht die Natur zu tadeln, sondern die tierische Roheit[1]), die alles geniessen wolle. Die Mässigen begnügten sich λαχανώδει χλόῃ καὶ καρποῖς δένδρων, und mit Recht hätten auch die Gesetzgeber den Luxus eingeschränkt[2]).

III.

Wie Musonius[3]) so behandelt auch Philo öfter in seinen im Tone der stoisch-kynischen Diatribe gehaltenen Sittenpredigten nach der Ernährung Kleidung und Wohnung. Er sagt darüber De praem. et poen. 17 S. 424: σκέπης δὲ διττὸν εἶδος, τὸ μὲν ἀμπεχόνη, τὸ δ᾽ οἰκία διὰ τὰς ἀπὸ κρυμοῦ καὶ θάλπους παρακολουθούσας ζημίας. ὧν ἑκάτερον (so F statt ἑκατέρα), εἴ τις ἐθελήσειε τὴν

---

[1]) Auch Musonius vergleicht S. 528,10 H die Schwelgerischen mit Schweinen und Hunden. Der mit Fischen und Vögeln getriebene Tafelluxus wird bei Clem. II 3 ausführlich beschrieben und § 5 (= Musonius S. 527,7) betont, dass Gott Speise und Trank nicht zum Missbrauch geschaffen habe, vgl. § 9 [Lucian] Cynicus 5 ff.

[2]) Auch Musonius Stob. III S. 149 Mein. beruft sich auf die besten Gesetzgeber, besonders Lykurg, die die Einfachheit befördert hätten.

[3]) Die Diatribe Περὶ σκέπης beginnt ταῦτα μὲν περὶ τροφῆς εἶπεν.

περίεργον καὶ περιττὴν ἀφελεῖν πολυτέλειαν, εὐποριστότατον D. V. C. 4 S. 477 (Con. S. 75) ἐπεὶ δὲ[1]) καὶ σκέπης διττὸν εἶδος, τὸ μὲν ἐσθής, τὸ δὲ οἰκία, περὶ μὲν οὖν οἰκίας εἴρηται πρότερον ὅτι ἐστὶν ἀκαλλώπιστος καὶ αὐτοσχέδιος, πρὸς τὸ χρειῶδες αὐτὸ μόνον εἰργασμένη· καὶ ἐσθὴς δὲ ὁμοίως εὐτελεστάτη πρὸς ἀλέξημα κρυμοῦ τε καὶ θάλπους, χλαῖνα μὲν ἀπὸ λασίου δορᾶς παχεῖα χειμῶνος, ἐξωμὶς δέ θέρους ἢ ὀθόνη[2]) 3 S. 475 αἱ δὲ οἰκίαι τῶν συνεληλυθότων σφόδρα μὲν εὐτελεῖς εἰσι, πρὸς δύο τὰ ἀναγκαιότατα σκέπην παρέχουσαι, πρός τε τὸν ἀφ' ἡλίου φλογμὸν καὶ τὸν ἀπ' ἀέρος κρυμόν. De somn. II 7. 8 S. 655. 666 τίς γε μὴν οὐκ οἶδεν, ὅτι ἀμπεχόνη πρὸς τὰς ἀπὸ κρυμοῦ καὶ θάλπους ἐγγινομένας βλάβας τῷ σώματι κατεσκευάσθη τὸ πρῶτον; ἀλεξάνεμος[3]) μέν, ὡς οἱ ποιηταί πού φασι (Hom. ξ 529) χειμῶνι..... ἀλλὰ μὴν καὶ οἰκίας διὰ τὰς αὐτὰς ἐδέησεν ἡμῖν αἰτίας, καὶ ὅπως μὴ πρὸς θηρίων ἢ θηριωδεστάτων τὰς φύσεις ἀνθρώπων ἐπιτρεχόντων βλαπτώμεθα De mut. nom. 43 S. 616 (= De somn. I 18 S. 636) ἐσθὴς γὰρ τὰς ἀπὸ κρυμοῦ καὶ θάλπους ἀνείργει βλάβας καὶ τὰ ἀπόρρητα τῆς φύσεως ἐπισκιάζουσα[4]) πρὸς εὐκοσμίας (so B statt εὐκοσμίαν) τοῖς χρωμένοις ἐστίν. Auch

---

[1]) Conybeare setzt die Korruptel ἐπειδὴ in den Text. Uebrigens hat P ἐπειδὴ καὶ, Q ἐπειδὴ δὲ καί.

[2]) Die von mir bevorzugten Lesarten werde ich in einer Abhandlung über die Therapeuten rechtfertigen.

[3]) [Diogenes] Epist. 16.

[4]) Clem. II 111 αἰσχύνομαι γὰρ ὡς ἀληθῶς ὁρῶν τοσοῦτον ἐκχεόμενον πλοῦτον εἰς τὴν αἰδοίων σκέπην. Vgl. auch Philo De Cherubim 35 S. 162 τίνος δὲ ἕνεκα πλὴν σκέπης καὶ ἀσφαλείας.

nach Musonius soll Wohnung und Kleidung allein dem Nutzen[1]), nicht dem Luxus dienen, und zum Teil in wörtlicher Uebereinstimmung mit Philo führt er aus (S. 173 Hense): ἠξίου δὲ καὶ σκέπην τὴν σώφρονα τῷ σώματι ζητεῖν, οὐ τὴν πολυτελῆ καὶ περιττήν[2])... φυλακῆς ἕνεκεν τοῦ σώματος, ἀλλ' οὐκ ἐπιδείξεως... ἀμπεχόνη καὶ ὑπόδεσις ἡ χρησιμωτάτη[1]) τῷ σώματι κρατίστη... ἐπεὶ δὲ σκέπης ἕνεκα καὶ τὰς οἰκίας ποιούμεθα, φημὶ καὶ ταύτας δεῖν ποιεῖσθαι πρὸς τὸ τῆς χρείας ἀναγκαῖον[1]), ὡς ἀπερύκειν μὲν κρύος, ἀπερύκειν δὲ θάλπους τὸ σφοδρόν, εἶναι δ' ἡλίου καὶ ἀνέμων ἐπικούρημα τοῖς δεομένοις[2]). Clem. II 106 φημὶ τοίνυν οὐκ ἄλλου τινὸς ἕνεκα δεηθῆναι ὑφασμάτων τὸν ἄνθρωπον ἢ σκέπης σώματος πρὸς ἀλέξησιν κρυμῶν τε ὑπερβολῆς καὶ καυμάτων ἐπιτάσεως, μή τι ἡμᾶς παραλυποίη τοῦ περιέχοντος ἡ ἀμετρία, und ähnlich äussert er sich § 78. 116 über Lager und Beschuhung[3]).

---

[1]) Vgl. oben S. 8[1].
[2]) Vgl. [Diog.] Epist. 30,3.
[3]) Vgl. [Lucian] Cyn. 4. Die Kleidung soll aber auch nach Musonius den Körper nicht verweichlichen. οὐδ' ὅλως εἶναι ἀγεύστους καλὸν ψύχους τε καὶ θάλπους, ἀλλὰ ῥιγοῦν χρὴ τὰ μέτρια χειμῶνος καὶ ἡλιοῦσθαι θέρους (S. 174 Hense), vgl. 650,4 H. συνεθιζομένων ἡμῶν ῥίγει θάλπει, δίψει λιμῷ Philo De somn. I 20 S. 639 πεῖναν δέχεσθαι καὶ δίψος, θάλπος τε καὶ κρυμὸν (so A) καὶ ὅσα ἄλλα δυσκαρτέρητα ὑπὲρ ἀρετῆς κτήσεως ἑτοιμότατοι· ζηλωταὶ τῶν εὐποριστοτάτων, ὡς μηδ' ἐπ' εὐτελεῖ χλαίνῃ ποτὲ δυσωπηθῆναι, τοὐναντίον δὲ τὰς πολυτελεῖς ὄνειδος καὶ μεγάλην τοῦ βίου ζημίαν νομίσαι. Dio VI § 10. 11 Anton, De origine libelli περὶ ψυχᾶς κόσμω καὶ φύσιος S. 476.

IV.

Die Kehrseite der asketischen Forderungen der Stoa ist die heftige Polemik gegen die herrschende Ueppigkeit und Schwelgerei. Mit ganz ähnlichen Farben schildern Philo und Musonius den in Speise und Trank, in Tracht und Kleidung, in Bau und Ausschmückung der Häuser getriebenen Luxus, mit gleicher Heftigkeit und Einseitigkeit, die über den asketischen Grundsätzen den notwendigen geschichtlichen Zusammenhang zwischen Luxus und Kultur ganz übersieht, bekämpfen sie ihn. Den Tafelluxus bekämpft De ebr. 52 S. 390: τὰ μὲν γὰρ ἀμήτων καὶ μελιπήκτων καὶ ἄλλων ἀμυθήτων πεμμάτων ποικιλώτατα γένη οὐ μόνον ταῖς τῆς ὕλης διαφοραῖς, ἀλλὰ καὶ τῷ τρόπῳ τῆς κατασκευῆς καὶ τοῖς σχήμασι πρὸς οὐ μόνον τὴν γεύσεως, ἀλλὰ καὶ τὴν ὄψεως ἀπάτην περιειργασμένα οἱ περὶ σιτοποιΐαν ἄκροι μελετῶσι. Dann wird die Thätigkeit des Kellermeisters im Prüfen der verschiedenen Weine geschildert. ἰχθύας δὲ καὶ ὄρνεις καὶ τὰ παραπλήσια ποικίλως ἀρτύσαι καὶ κατασκευάσαι καὶ ὅσα ἄλλα ὄψα ἡδῦναι περιττοὶ τὴν ἐπιστήμην εἰσὶν εὐπρεπεῖς ὀψαρτυταί, μυρία χωρὶς ὧν ἤκουσαν ἢ εἶδον ἀλλ' ἐκ τῆς συνεχοῦς μελέτης καὶ τριβῆς τῶν (so die besten Hss. statt τῆς) εἰς ἁβροδίαιτον καὶ τεθρυμμένον τὸν ἀβίωτον βίον ἐπινοῆσαι δεινοί D. V. C. 6 S. 479 πρὸς δὲ τούτοις αἱ πεμμάτων καὶ ὄψων καὶ ἡδυσμάτων ποικιλίαι, περὶ ἃ σιτοποιοὶ καὶ ὀψαρτυταὶ πονοῦνται .... ἑπτὰ γοῦν καὶ πλείους εἰσκομίζονται τράπεζαι πλήρεις ἁπάντων ὅσα γῆ τε καὶ θάλασσα καὶ ποταμοὶ καὶ ἀὴρ φέρουσιν ἔκλογα πάντα καὶ εὔσαρκα, χερσαίων, ἐνύδρων, ἀεροπόρων· ὧν ἑκάστη διαλλάσσει καὶ ταῖς παρασκευαῖς καὶ ταῖς παραρτύσεσιν ὑπὲρ τοῦ μηδὲν εἶδος ἀπολειφθῆναι τῶν ἐν τῇ φύσει[1]) De somn. II 7 S. 665 ἔτι οὖν ἡ κενὴ δόξα προσεπέθηκεν ἀμήτων καὶ μελιπήκτων[2]) πεμμάτων γένη μυρία καὶ οἴνων ἀμυθήτων πολυέργους καὶ παμποικίλους κράσεις πρὸς ἀπόλαυσιν ἡδονῆς μᾶλλον ἢ πρὸς μετουσίαν τροφῆς παρηρτυμένας. Die Köche τὰ κατὰ τῆς ταλαίνης γαστρὸς ἐκ πολλῶν χρόνων ἀνευρημένα δελέατα ἀνακινήσαντες καὶ χυλῶν ἰδιότητας σκευάσαντές τε καὶ διαθέντες ἐν κόσμῳ προσσαίνουσι καὶ τιθασεύουσι γλῶτταν. De agric. 5 S. 303 ὁ γοῦν πολὺς ὅμιλος ἀνθρώπων τὰ γῆς ἐπιὼν κλίματα καὶ ἄχρι τῶν περάτων φθάνων αὐτῆς καὶ τὰ πελάγη περαιούμενος[3]) καὶ τὰ ἐν μυχοῖς θαλάττης ἀναζητῶν καὶ μηδὲν μέρος ἐῶν τοῦ παντὸς ἀδιερεύνητον ἀεὶ καὶ πανταχοῦ πορίζει ταῦτα δι' ὧν ἡδονὴν συναυξήσει. καθάπερ γὰρ οἱ ἁλιευόμενοι δίκτυα καθιᾶσιν ἔστιν ὅτε μήκιστα πολλὴν ἐν κύκλῳ περιβαλλόμενοι θάλατταν, ἵν' ὡς πλείστους ἐντὸς ληφθέντας ἀρκύων οἷα τειχήρεις γεγονότας ἰχθῦς συλλάβωσι, τὸν αὐτὸν τρόπον ἡ πλείστη μοῖρα ἀνθρώπων οὐκ ἐπὶ μέρος θαλάττης μόνον, ἀλλ' ἐφ' ἅπασαν τὴν ὕδατος καὶ γῆς καὶ ἀέρος φύσιν τὰ πάναγρα, ὡς οἱ ποιηταί πού φασι, λίνα τείνασ' ἅπαντα πανταχόθεν δι' ἡδονῆς ἀπό-

---

[1]) So auch V. Mos. II 4 S. 138 De victimis 3 S. 239. 240 De concup. 8 S. 354 Q. omn. prob. lib. 5 S. 450. 21 S. 469.

[2]) Vielleicht ist nach De ebr. a. O. hier eine Lücke anzunehmen.

[3]) Vgl. [Hippokrates] Epist. 17,25 S. 301 II (Heinze, De Horatio Bionis imitatore S. 18), Peerlkamp S. 332 Friedländer Sittengesch. III S. 32 Anm. 2 Quaest. Muson. S. 26¹ [Lucian] Cyn. 8.

λαυσίν τε καὶ χρῆσιν ἀγκιστρεύεται. καὶ γὰρ γῆν μεταλλεύουσι καὶ τὰ πελάγη διαβαίνουσι καὶ τἆλλα πάντα ὅσα εἰρήνης καὶ πολέμου ἔργα δρῶσιν ὕλας ἀφθόνους ὡς βασιλίδι ἡδονῇ πορίζοντες. Auch Musonius klagt über die vielen Künste und Erfindungen auf diesem Gebiete, die sogar zu einer besonderen Litteratur geführt hätten (S. 505,14 ff. H) [1]), über die masslose Verschwendung (S. 528): παρασκευὴ μὲν ὄψων γίνεται μυρίων· πλεῖται δ' ἡ θάλαττα μέχρι περάτων· μάγειροι δὲ γεωργῶν περισπουδαστότεροί εἰσιν[2])· δεῖπνα δὲ παρατίθενταί τινες ἀγρῶν ἀναλίσκοντες τιμάς. Vor allem aber sind zu vergleichen eine Reihe von Stellen des Clemens, die Philo nicht entlehnt sind, die aber doch durch ihre Berührungen mit Philo auf ein gemeinsames Vorbild der stoisch-kynischen Diatribe zurückweisen: II 2 αἱ μὲν οὖν πολυειδεῖς ποιότητες ἀποπτυστέαι ποικίλας ἐντίκτουσαι βλάβας ... ἐκπορνευούσης τῆς γεύσεως διά τινος κακοδαίμονος τέχνης τῆς ὀψαρτυτικῆς καὶ τῆς ἀμφὶ τὰ πέμματα ματαιοτεχνίας[3]) .... 3 ταῦτα τοῖς ἡδύσμασιν ἐξαλλάσσοντες οἱ γαστρίμαργοι τοῖς ὄψοις ἐπικεχήνασιν, ὅσα τε χθὼν πόντου τε βένθη καὶ ἀέρος ἀμέτρητον εὖρος ἐκτρέφει τῇ αὐτῶν

---

[1]) S. Oder bei Susemihl Gesch. der griech. Litt. I S. 876 ff.

[2]) Ueber die Köche ereifert sich Philo oft; s. ausser den von Conybeare zu S. 479,24 angeführten Stellen De Plant. 38 S. 353 De Jos. 12 S. 50. 26 S. 63 De concup. 8 S. 354 γαστρὶ τῇ ταλαίνῃ δασμοὺς ἀπαύστως εἰσφέροντας ἀκράτου, πεμμάτων, ἰχθύων, συνόλως ὅσα σιτοπόνων καὶ ὀψαρτυτῶν τετεχνιτευμέναι περιεργίαι μετὰ παντοίων ἐδεσμάτων δημιουργοῦσιν (De opif. S. 61,7 Cohn). Aehnliche Stellen anderer Schriftsteller bei Peerlkamp S. 326. 327 und in Haases Index zu Sen. unter coquus.

[3]) Ueber das Wort s. Kaibel, Galeni Protrept. S. 41 ff.

ἐκποριζόμενοι λαιμαργίᾳ ... 4 καὶ γὰρ εἰς τὰ πέμματα καὶ τὰ μελίπηκτα, πρὸς δὲ καὶ εἰς τὰ τραγήματα ἐξώκειλεν ἐπιδορπισμάτων πλῆθος εὑρίσκουσα (sc. ἡ λιχνεία), παντοδαπὰς θηρωμένη ποιότητας (vgl. III 26). Nur oberflächlich berührt sich mit Philo De ebr. Clemens' Ausführung über den verschiedenen Geschmack der Weine (II 30). Schon S. 10. 11 sahen wir, dass Philo den Weingenuss wie den Fleischgenuss zu verwerfen geneigt ist. Zu bemerken ist noch, dass, wenn er den Wein D. V. C. 9 S. 483 ἀφροσύνης φάρμακον[1]) De plant. 36 S. 351 θανάσιμον φάρμακον und φάρμακον μανίας nennt, er vielleicht auch einem stoischen Vorbilde folgt. Bei Clem. II 20 werden die Anhänger einer strengen Lebensweise (αὐστηρὸς βίος, stoisch) gelobt, die das Wasser, τῆς σωφροσύνης τὸ φάρμακον, lieben, und wird den Kindern geboten, ἀπέχεσθαι τοῦ φαρμάκου τούτου (sc. οἴνου).

Wiederholt eifert Philo gegen die Ausartung der Gastmahle, die er mit den stärksten und lebhaftesten Farben zu schildern weiss[2]): Wenn die Gäste vom Weine den Verstand verloren haben, so schreien sie und rasen wie wilde Hunde, beissen einander Nasen, Ohren, Finger ab und machen des Dichters Wort von den ψωμοὺς ἀνδρομέους fressenden Kyklopen wahr[3]). Sie

---

[1]) Vgl. De ebr. 24 S. 371 De creat. princ. 8 S. 367 Stob. S. 519,11 ff. II Norden, De Varronis saturis Menippeis S. 288 Sext. sent. 269 Elter, Dioskurides bei Athenaeus I S. 11 A.

[2]) Ich lege zu Grunde D. V. C. 5 S. 477 und ziehe ähnliche Schilderungen zum Vergleiche heran.

[3]) Unbegreiflich ist es, dass Lucius, Die Therapeuten S. 117 diese Schilderung als nicht philonisch verwirft, trotz der wört-

führen das Zerrbild des gymnischen Kampfes¹) auf, nicht ἀθληταί, sondern ἄθλιοι. Bringt sie nicht jemand auseinander, so streiten sie mit einer Leidenschaft, als wollten sie morden und sich morden lassen, rasend, ohne es selbst zu wissen²), vom Weine nicht, wie der Komiker sagt (Kock, CAF III 551 N. 810), zu anderer, sondern zum eigenen Schaden berauscht. Die gesund und als Freunde das Gastmahl begannen, scheiden als Feinde und verstümmelt. Die einen bedürfen der Anwälte und Richter, die andern der Aerzte. Die einen schlafen, die andern, erst angeheitert, verabreden eine Kneiperei für den folgenden Tag³). Durch solches Leben richten sie ihre Familie und sich selbst zu Grunde. ὑγρὸς γὰρ καὶ ἄσωτος βίος ἅπασιν ἐπίβουλος⁴). Die Gäste verschlingen mit einer Gier wie die Seevögel⁵) die Speisen und benagen selbst die Knochen. Haben sie sich bis zur Gurgel

---

lichen Uebereinstimmung mit De Plant. 39 S. 353 De somn. II 24 S. 681.

¹) De plant. und De somn. a. O. D. V. C. ist zu lesen ἃ γὰρ νήφοντες ἐν σταδίοις ἐκεῖνοι ... ἕνεκα νίκης καὶ στεφάνων Ὀλυμπιακῶν (vulg. Ὀλυμπιονῖκαι καὶ) σὺν τέχνῃ ὁρῶσιν ... Vgl. Lykon bei Rutilius Lupus II 7: bibendo provocat, lacessit, ⟨si⟩, sicut in proelio, hostium quam plurimos superarit atque adflixerit, amplissimam sibi victoriam partam existimans.

²) ὅπερ (statt ἅπερ) οὐκ ἴσασι, παραπαίοντες ist zu lesen.

³) Aehnlich De ebr. 6 S. 360. 33 S. 377 (50 S. 388). 53 S. 390. Hier wie D. V. C. der Ausdruck ἀκροθώρακες, über den Conybeares Kommentar zu vergleichen ist.

⁴) Das Folgende 6 S. 479.

⁵) τρόπον αἰθυιῶν. Die andern Beispiele dieses Vergleichs s. bei Conybeare und „Philos Schrift über die Vorsehung" S. 67⁶.

vollgepfropft, so drehen sie den Nacken im Kreise, um wenigstens Auge und Nase zu ergötzen[1]). Durst und Hunger sollte man sich lieber wünschen als solchen Ueberfluss.

Gewiss hat Philo gerade in diesen drastischen Schilderungen vielfach den eigenen Pinsel geführt und, vielleicht nicht ohne Uebertreibung, nach dem Leben gemalt. Aber bedenkt man, dass seit Theophrast und Lykon solche Schilderungen sehr beliebt waren, dass ihnen sogar in der Geschichtschreibung über Gebühr Raum gegeben wurde, dass die Rhetorik zu solchen ἐκφράσεις Anweisungen gab, dass die populär-philosophische Litteratur eine grosse Vorliebe für sie zeigt[2]), so ist es doch wahrscheinlich, dass er auch hier von dem Muster der stoisch-kynischen Diatribe wenigstens nicht unbeeinflusst war. Darauf scheinen hinzudeuten das Einstreuen von Anspielungen auf einen Homervers und auf einen unbekannten Vers der Komödie, dessen Sinn nach der

---

Conybeare schreibt αἰθυῶν, aber OP haben, was er nicht erwähnt, αἰθυιῶν, ebenso die Parallelen.

[1]) Vgl. De agric. 8 S. 305 De opif. S. 61,7 Cohn. Dieselben Bilder auf den Genuss der Weisheit übertragen De somn. I 9 S. 628. Vgl. auch De somn. I 20 S. 639 De prof. 5 S. 550. Ein anderer Zug Leg. all. III 51 S. 116 ἐμέτοις (so Diels) χρησάμενοι πάλιν ἐπὶ τὸν ἄκρατον καὶ τἆλλα ὥρμησαν.

[2]) Sen. Epist. 95,65. 66 (Posidonius) ait utilem futuram et descriptionem cuiusque virtutis: hanc Posidonius ethologiam vocat, quidam characterismon adpellant signa cuiusque virtutis ac vitii et notas reddentem, quibus inter se similia discriminentur... descriptiones has et, ut publicanorum utar verbo, iconismos (Rhet. Gr. ed. Spengel III 108,12) ex usu esse confiteor etc. S. auch Cic. De fin. II 23.

beliebten Manier der Diatribe umgebogen wird¹), die Etymologie ἀθληταί—ἄθλιοι²), endlich manche Berührungen mit Clemens, die für diesen wieder an Musonius als Quelle denken lassen. Auch bei diesem findet sich der Zug, dass die Gäste in widerlicher Gier auch die Gerüche sich nicht wollen entgehen lassen³), wird die Fortsetzung der Gelage über mehrere Tage hervorgehoben (II 26), der Zustand des ἀκροθώραξ gezeichnet (II 22). Auch er redet gelegentlich von ἔριδες καὶ μάχαι καὶ ἔχθραι bei den Gelagen (II 53).

V.

Ich gehe über zu Philos Polemik gegen den in Tracht und Kleidung, Ausstattung der Häuser und Hausgerät sich äussernden Luxus und folge dem Gange der in De somn. II 7. 8 S. 665. 666 eingelegten und schon öfter

---

¹) S. Wachsmuth, Sillographorum rel. S. 69 ff. Heinze a. O. S. 19 Hense Rh. M. XLVIII S. 233. 235 Giesecke, De philosophorum veterum quae ad exilium spectant sententiis S. 33. 34 und den Index unter „Homer", Elter De gnomologiorum Graecorum hist. S. 64. De somn. I 10 S. 629 De migr. 35 S. 467 verwendet Philo Od. δ 392 ähnlich wie Musonius bei Stob. S. 245 W. Laert. Diog. II 21 VI 103. Eine andere homerische Floskel De somn. II 10 S. 668.

²) Clem. II 2 Galen a. O. 11 S. 18 K., der, wie Kaibel zeigt, in dieser Schrift viele stoische Gedanken übernommen hat. Norden a. O. S. 299. 300.

³) II 11 (Hor. Sat. II 7,38. 2,19). Zu vergleichen sind auch die Schilderungen am Schluss von § 7. 9. 15.

herangezogenen Deklamation. Es heisst dort: τίς οὖν τὰς ἁλουργίδας, τίς τὰ διαφανῆ καὶ λεπτὰ θέριστρα, τίς τὰς ἀραχνοϋφεῖς ἀμπεχόνας, τίς τὰ ἐπηνθισμένα ἢ βαφαῖς ἢ πλοκαῖς διὰ τῶν βάπτειν (so Mangey statt ῥάπτειν) ἢ ὑφαίνειν ποικίλα ἐπισταμένων καὶ τὴν ἐν ζωγραφίᾳ μίμησιν παρευημερούντων δαιδαλεύεται; τίς; οὐχ ἡ κενὴ δόξα; Aehnlich Clem. II 107 εἰ δὲ συμπεριφέρεσθαι χρή, ὀλίγον ἐνδοτέον αὐταῖς (den Frauen) μαλακωτέροις χρῆσθαι τοῖς ὑφάσμασιν μόνον τὰς μεμωρημένας λεπτουργίας καὶ τὰς ἐν ταῖς ὑφαῖς περιέργους πλοκὰς ἐκποδὼν μεθιστάντας... τὰ γὰρ περιττὰ ταῦτα καὶ διαφανῆ... 108 παραιτητέον δὲ τῆς ἐσθῆτος καὶ τὰς βαφάς 109 τά τε χρυσῷ πεποικιλμένα καὶ τὰ ἁλουργοβαφῆ... καὶ τῶν ὑμενίων τῶν περιόπτων τὰ πολυτελῆ καὶ ποικίλα ἱμάτια ἔχοντα ζῴδια ἐν τῇ πορφύρᾳ αὐτῇ τέχνῃ χαίρειν ἐατέον [1]).

Philo wendet sich a. O. weiter gegen den Luxus im Häuserbau: τί οὖν τὰ μὲν ἐδάφη καὶ τοὺς τοίχους πολυτελέσι λίθοις διακοσμοῦμεν; τί δὲ Ἀσίαν καὶ Λιβύην καὶ πᾶσαν Εὐρώπην καὶ τὰς νήσους ἐπερχόμεθα κίονας ἀριστίνδην ἐπιλελεγμένους καὶ ἐπιστυλίδας ἐρευνῶντες; τί δὲ περὶ Δωρίους καὶ Ἰωνικὰς καὶ Κορινθιακὰς γλυφὰς καὶ ὅσα οἱ ἐντρυφῶντες καθεστῶσι (so Mang. statt ζῶσι) νόμοις

---

[1]) Kynisch ist auch der Ton bei Philo De Prov. II 19 (= Eus. Praep. VIII 14, 13) ἐσθῆτές γε μὴν προβάτων εἰσίν, ὡς οἱ ποιηταὶ πού φασιν, ἄνθος, κατὰ δὲ τὴν δημιουργὸν τέχνην ὑφαντῶν ἔπαινος. Vgl. Clem. II 111 τὸ πολυτελὲς τῆς ἐσθῆτος διελέγχωμεν ἐπιλέγοντες· τρίχες ἐστὲ προβάτων. Den Parallelen Quaest. Muson. S. 18 „Philos Schrift über die Vorsehung" S. 52³ füge ich hinzu Galen a. O. S. 6,18 (vgl. Kaibels Kommentar) und Gnomol. Vatic. ed. Sternbach 177. 484.

προσεξεῦρον σπουδάζομέν τε καὶ φιλοτιμούμεθα κιονόκρανα κοσμοῦντες; τί δὲ χρυσορόφους ἀνδρῶνας καὶ γυναικωνίτιδας κατασκευάζομεν; ἆρ' οὐ διὰ τὴν κενὴν δόξαν; De Cherub. 30 S. 157. 158 κονιάματα καὶ γραφαὶ καὶ πινάκια καὶ λίθων πολυτελῶν διαθέσεις, αἷς οὐ μόνον τοίχους, ἀλλὰ καὶ τὰ ἐδάφη ποικίλλουσι[1]). Auch hier berührt sich mit den philonischen Ausführungen wieder die Polemik des Musonius gegen die Häuserpracht bei Stob. S. 175 Hense, namentlich die Worte: τί δ' αἱ περίστυλοι αὐλαί; τί δ' αἱ ποικίλαι χρίσεις; τί δ' αἱ χρυσόροφοι στέγαι ([Lucian] Cyn. 9); τί δ' αἱ πολυτέλειαι τῶν λίθων, τῶν μὲν χαμαὶ συνηρμοσμένων, τῶν δ' εἰς τοίχους ἐγκειμένων, ἐνίων καὶ πάνυ πόρρωθεν ἠγμένων [λίθων] καὶ δι' ἀναλωμάτων πλείστων; οὐ ταῦτα πάντα περιττὰ καὶ οὐκ ἀναγκαῖα . . .;[2]) Weiter tadelt Philo die verschwenderische Ausstattung der Betten: καὶ μὴν πρός τε ὕπνον μαλακὸν μὲν ἔδαφος αὔταρκες ἦν (De somn. I 20 S. 639 De spec. leg. 5 S. 274) — ἐπεὶ καὶ μέχρι νῦν τοὺς γυμνοσοφιστὰς παρ' Ἰνδοῖς χαμευνεῖν ἐκ παλαιῶν ἐθῶν κατέχει λόγος —, εἰ δὲ μή, στιβὰς γοῦν ἐκ λίθων λογάδων ἢ ξύλων εὐτελῶν πεποιημένη κλίνη. ἀλλὰ γὰρ ἐλεφαντόποδες τὰ ἐνήλατα καὶ κλιντῆρες[3]) ὀστράκοις πολυτελέσι καὶ ποικίλαις χελώναις ἐνδεδεμένοι[3]) μετὰ πολλῶν πόνων καὶ δαπανημάτων ἐν

---

[1]) De agric. 35 S. 323 κονιάματα καὶ λήρους, κόσμον ἄψυχον, οἰκίαις περιτιθέντες De decal. 25 S. 202.

[2]) Parallen bieten auch Horatius, Seneca, [Diogenes] Epist. 28,6 Gnomol. Epikt. 39. 40. 43. 47 S. 472 Sch. Peerlkamp S. 340.

[3]) So Mangey statt κλιντῆρας und ἐνδεδεμέναις.

πολλῷ χρόνῳ κατασκευάζονται, τινὲς¹) δὲ ὁλοάργυροι καὶ ὁλόχρυσοι καὶ λιθοκόλλητοι στρωμναί, ἀνθηροποικίλοις καὶ χρυσοπάστοις ἔργοις ὡς πρὸς ἐπίδειξιν καὶ πομπήν, οὐ τὴν καθ' ἡμέραν χρῆσιν διακεκοσμημέναι· ὧν δημιουργὸς ἡ κενὴ δόξα. So verschmähen auch die Therapeuten bei Philo ein weiches Lager und begnügen sich mit einer einfachen mit Matratzen belegten Streu (9 S. 482)²). Dazu werden S. 488 im Gegensatz gestellt die üppigen Pfühle heidnischer Gastmahle: τρίκλινά τε καὶ περίκλινα χελώνης ἢ ἐλέφαντος κατεσκευασμένα καὶ τιμαλφεστέρας ὕλης, ὧν τὰ πλεῖστα λιθοκόλλητα· στρωμναὶ ἁλουργεῖς ἐνυφασμένου χρυσοῦ καὶ ἀνθοβαφεῖς ἕτεραι παντοίων χρωμάτων πρὸς τὸ τῆς ὄψεως ἐπαγωγόν. Aehnlich De spec. leg. 5 S. 274 De prov. II 22 (= Eus. a. O. § 17): κλῖναι λιθοκόλλητοι καὶ ὁλόχρυσοι... ἀραχνοϋφεῖς ἢ λίθῳ γεγραφημέναι·³) De somn. I 20 S. 639 πολυτελεῖς κλίνας καὶ εὐανθεστάτας στρωμνὰς εὐτρεπισάμενοι μαλακῶς σφόδρα κατακλίνονται.

Auch Clemens II 77. 78 verbietet ein weiches Lager (wie Musonius bei Stob. S. 650, 5 Hense), will aber andererseits, wie auch Philo die Therapeuten die Λακωνικὴ σκληραγωγία⁴) verschmähen lässt (vgl. De concup. 4

---

¹) Statt τινὲς ist vielleicht ἔτι zu lesen. Vgl. auch De somn. I 20 S. 639.

²) Die bei Conybeare nicht glücklich behandelte Stelle ist wohl so herzustellen: εἰ πού τις ὑπολαμβάνει στρωμνὰς ... εὐτρεπίσθαι, στιβάδες πάρεισιν (codd. γάρ εἰσιν), ἐφ' (codd. ἀφ') ὧν χαμαίστρωτα παπύρου τῆς ἐγχωρίου.

³) Ueber den sehr zweifelhaften Text s. „Philos Schrift über die Vorsehung" S. 92.

⁴) Musonius bei Stob. Ecl. II 242,17 W τὸν δ' αὖ Λακωνικῶς πως

S. 352 [Heraklit] Brief IX S. 77,23 Byw.), auch nichts wissen von einer κενοδοξία Κυνική, die dem Diomedes nacheifert, von dem es heisst: ὑπὸ δ' ἔστρωτο ῥινὸν βοὸς ἀγραύλοιο [1]). Weiter findet sich eine Aufzählung fast der gleichen Luxusartikel bei Musonius (Stob. III S. 147 Mein.): καὶ μὴν συνῳδὰ καὶ συγγενῆ τῇ περὶ τὰς οἰκίας πολυτελείᾳ καὶ τὰ τῶν σκευῶν τῶν κατ' οἰκίαν φαίνεται ὄντα, κλῖναι καὶ τράπεζαι καὶ στρώματα καὶ εἴ τι τοιοῦτον, πάντως τὴν χρείαν ὑπερβεβηκότα καὶ προσωτέρω τῶν ἀναγκαίων ἐληλυθότα· κλῖναι μὲν ἐλεφάντιναι καὶ ἀργυραῖ ἢ νὴ Διά χρυσαῖ, τράπεζαι δὲ παραπλησίας ὕλης, στρωμναὶ δὲ ἁλουργεῖς καὶ ἄλλων χρωμάτων δυσπορίστων . . . καὶ σπουδάζεται ταῦτα πάντα τοῦ μὲν σκίμποδος οὐδὲν κακίω παρεχομένου κατάκλισιν ἡμῖν τῆς ἀργυρᾶς ἢ τῆς ἐλεφαντίνης κλίνης (Gnomol. Epikt. 13 S. 465 Sch.), τῆς δὲ σισύρας ἱκανωτάτης οὔσης ὑπεστρῶσθαι, ὥστε μὴ δεῖσθαι πορφυρίδος ἢ φοινικίδος. Und sicher geht auf Musonius zurück Clem. II 35 κλῖναί τε

ἠγμένον. Mit Philo ist zu vergleichen der pythagoreische Spruch bei Stob. S. 16,1 Hense ζῆν κρεῖττόν ἐστιν ἐπὶ στιβάδος κατακείμενον καὶ θαρρεῖν ἢ ταράττεσθαι χρυσῆν ἔχοντα κλίνην Ps. Plut. Περὶ ἀσκήσεως Rh. M. XXVIII S. 531. Strenger Diogenes bei Epiktet I 24,7 III 22,47. Teles S. 4,10 II fragt die Armut: οὐκ εὐνάς σοι τοσαύτας παρέχω ὁπόση γῆ; καὶ στρωμνὰς φύλλα; Ebenso [Lucian] Cynicus 15 (1. 5) Anacharsis Epist. 5, vgl. Philo De somn. I 20 τούτοις πολυτελὴς μέν ἐστι κλίνη μαλακὸν ἔδαφος, στρωμνὴ δὲ θάμνοι, πόαι, βοτάναι, φύλλων πολλὴ χύσις. S. auch Teles S. 40,12 41,1. [Diog.] Epist. 37,6. 44 Zeller II 1 S. 318.

[1]) Ueber die kynische Verwertung der Stelle s. [Diog.] Epist. 37,4 E. Weber a. O. S. 232. 233 und R. Weber Leipzig Stud. XI S. 94.

ἀργυρόποδες καὶ ἐλεφαντοκόλλητοι, χρυσόστικτοί τε καὶ χελώνης (χελώνῃ Sylburg) πεποικιλμέναι κοίτης κλισιάδες, στρωμναί τε ἁλουργεῖς καὶ ἄλλων χρωμάτων δυσπορίστων, ἀπειροκάλου τρυφῆς τεκμήρια (vgl. II 77)[1]). Nachdem Philo De somn. a. O. nur den Gebrauch des Oeles zum Salben gestattet und den masslosen Luxus auf diesem Gebiete verworfen hat[2]), geht er über zum Trinkgerät. Echt kynisch meint er, als Becher könne uns der von Natur verliehene, die gehöhlte Hand, genügen[3]), und will zur Not noch das γεωργικὸν κισσύβιον gelten lassen. τί δὲ ἀργυρῶν καὶ χρυσῶν κυλίκων ἀφθόνων πλῆθος κατασκευάζεσθαι (sc. ἔδει), εἰ μὴ διὰ τὸν φρυαττόμενον μεγάλα τῦφον καὶ τὴν ἐπ' αἰώρας φορουμένην κενὴν δόξαν; Aehnlich wird wieder D. V. C. 6 S. 478 an den heidnischen Gastmahlen gerügt ἐκπωμάτων πλῆθος ἐκτεταγμένων καθ' ἕκαστον εἶδος· ῥυτά γὰρ καὶ φιάλαι καὶ κύλικες καὶ ἕτερα πολυειδῆ τεχνικώτατα θηρίκλεια καὶ τορείαις ἐπιστημονικῶν ἀνδρῶν ἠκριβωμένα. — Auch Musonius verwirft bei Stob. III S. 147 M im allgemeinen die goldenen und silbernen oder aus andern kostbaren Steinen gefertigten Becher. Genauer lernen wir wohl seine Ausführungen kennen bei Clem. II 35, aus dessen Aufzählung ich heraushebe: ἐκπωμάτων τοίνυν ἀργύρου καὶ χρυσοῦ

---

[1]) Vgl. auch [Diog.] Epist. 37,3 und die mit Unrecht dem Teles zugeschriebenen Diatribe bei Stob. III S. 188,6 ff. Mein.

[2]) Vgl. Clem. II 66. 67 „Philos Schrift über die Vorsehung" S. 66 De plant. 38 S. 353.

[3]) Nach der bekannten Erzählung von Diogenes: Zeller II 1 S. 318 Gnomol. Vatic. ed. Sternbach Nr. 161. Vgl. Sen. Epist. 119,3.

πεποιημένων λιθοκολλήτων τε ἄλλων ἄθετος ἡ χρῆσις, ὄψεως ἀπάτη μόνον ... ἐρρόντων τοίνυν θηρίκλειοί τινες κύλικες ... καὶ τῶν ἐκπωμάτων εἴδη τὰ μυρία ... ναὶ μὴν καὶ τορευτῶν περίεργος ἐφ' ὑέλῳ κενοδοξία ... περιοριστέα ... σκεύη ἀργυρᾶ καὶ χρυσᾶ. Und bei Stob. S. 147 M sagt Musonius, vom hölzernen Tisch schmecke es ebenso gut wie vom silbernen, aus irdenem Becher werde der Durst ebenso gut gelöscht wie aus silbernen und goldenen[1]), der Geschmack des Weines dazu nicht beeinträchtigt. Im weiteren wird dann gezeigt, dass die einfacheren Geräte wegen des billigeren Erwerbes, des bequemeren Gebrauches, der leichteren Erhaltung den Vorzug verdienen.

De somn. a. O. richtet Philo sich weiter gegen den Gebrauch kostbarer Kränze: ὅταν καὶ στεφανῶσί (so schreibe ich statt στεφανοῦσι) τινες, ἀξιοῦσι μὴ δάφνης μηδὲ κίττου,

---

[1]) Vgl. ausser Philo Lucian Symp. 14 τί βούλονται αὐτῷ αἱ τοσαῦται καὶ τηλικαῦται κύλικες τῶν κεραμεῶν ἴσον δυναμένων [Cyn.] 9 Horatius Sat. I 2,114 (II 2,15. 25. 38), Heinze a. O. S. 24 Sen. Epist. 119, 3 Clem. II 30. 37. Gelegentlich sei gegenübergestellt
Hor. Sat. II 2, 101   ergo
Quod superat, non est melius quo insumere possis
Cur eget indignus quisquam te divite? quare
Templa ruunt antiqua deum? cur, improbe, carae
Non aliquid patriae tanto emetiris acervo?
und Musonius S. 175,17 καίτοι πόσῳ μὲν εὐκλεέστερον τοῦ πολυτελῶς οἰκεῖν τὸ πολλοὺς εὐεργετεῖν· πόσῳ δὲ καλοκαγαθικώτερον τοῦ ἀναλίσκειν εἰς ξύλα καὶ λίθους τὸ εἰς ἀνθρώπους ἀναλίσκειν; ... τί δ' ἂν ὄναιτό τις τηλικοῦτον ἀπ' οἰκίας μεγέθους τε καὶ κάλλους, ἡλίκον ἀπὸ τοῦ χαρίζεσθαι πόλει καὶ πολίταις ἐκ τῶν ἑαυτοῦ; Durch die Stelle des Musonius wird die von Maass, Orpheus S. 13 angeführte Parallele aus Dio ergänzt.

μὴ ἴων ἢ κρίνων ἢ ῥόδου ἢ θαλλοῦ συνόλως ἢ τινος ἄνθους εὐώδει στεφάνῳ ⟨χρῆσθαι⟩¹) παρελθόντες τὰ θεοῦ δῶρα, ἃ διὰ τῶν ἐτησίων ὡρῶν ἀναδίδωσι· χρυσοῦς δὲ ὑπὲρ κεφαλῆς βαρύτατον ἄχθος αἰωροῦσιν ἐν ἀγορᾷ μέσῃ καὶ πληθούσῃ χωρὶς αἰδοῦς. Auf demselben Standpunkte steht Epiktet D. I 19,29. Dem, der die Ehre des goldenen Kranzes begehrt, erwidert er: „Verlangst Du nach einem Kranze, so lege lieber einen aus Rosen statt des goldenen um; denn er riecht besser²)". Philo beschliesst seine Diatribe gegen den Luxus mit dem stoisch-kynischen Schlussurteil, dass er in allen den Vorkehrungen des natürlichen menschlichen Lebens Formen des κατεψευσμένος καὶ τετυφωμένος βίος sieht, der dem ἀληθὴς καὶ ἄτυφος βίος gegenüberstehe³).

Werfen wir noch einen Blick rückwärts auf die Anordnung und den Zusammenhang der Gedanken in dieser Diatribe. Denn nicht nur in einzelnen Ausführungen, sondern auch in der Gruppirung derselben zeigt sich eine auffallende Uebereinstimmung mit Musonius. Philo beginnt mit der Behandlung von Speise und Trank,

---

¹) Hoeschel ergänzt ἀναδεῖσθαι.

²) Es ist zu lesen ὄζει γὰρ κομψότερον, die Ps. hat ὄψει, aber das ψ in Rasur von späterer Hand. Ebenfalls durch stoischkynische Parallen zu belegen ist das strengere Urteil des Clemens, der auch die Kränze aus Blumen verwirft, weil weder Gesicht noch Geruch des Bekränzten sich an ihnen freuen könne; vgl. das Apophthegma des Diogenes bei Laert. Diog. VI 39, Lucians Nigrinus 32 Minucius Felix 38,2 Tert. De cor. 5 Apol. 42, Weber a. O. S. 139 und im allgemeinen [Lucian] Cyn. 18. De mut. nom. 14 S. 592 nennt Philo die goldenen Kränze neben anderen Ehrenbezeugungen.

³) Vgl. D. V. C. S. 477, „Philos Schrift über die Vorschung" S. 111.

geht dann über zur σκέπη, die er in Kleidung und Wohnung scheidet. Dann bespricht er der Reihe nach das Lager, den Gebrauch des Oeles, die Trinkgefässe, die Bekränzung. Auch bei Musonius schliesst sich an die Diatribe Περὶ τροφῆς die Περὶ σκέπης, und innerhalb dieser finden wir dieselbe Teilung wie bei Philo. Man beachte auch die Aehnlichkeit des Ueberganges von der Besprechung der Kleidung zu der der Wohnung bei Philo ἀλλὰ μὴν καὶ οἰκίας διὰ τὰς αὐτὰς ἡμῖν ἐδέησεν αἰτίας und bei Musonius (Stob. S. 175,1) ἐπεὶ δὲ σκέπης ἕνεκα καὶ τὰς οἰκίας ποιούμεθα. In dem nach den einleitenden Worten darauf folgenden Kapitel Περὶ σκευῶν bespricht Musonius die κλῖναι und die Trinkgefässe, deren Behandlung — anders als De somn. — in D. V. C. ebenfalls verbunden wird. Auch Clemens folgt im Paed. II Kap. 3 dieser Anordnung des Musonius und ist von diesem wohl auch abhängig, wenn er dann in einem späteren Kapitel (8) wie Philo zuerst den Gebrauch des Salbens, dann den der Bekränzung behandelt.

Die in De somn. eingelegte Diatribe wird in manchen Punkten durch D. V. C. noch ergänzt. Philo bekämpft dort 6 S. 479 die üppige Tracht und den Putz der die Gäste bedienenden Sklavenschar. Auch dies ein beliebtes Thema der Diatribe! Im Gnomol. Epict. 23 Sch. heisst es z. B.: μελέτω σοι ἐν τοῖς σιτίοις, ὅπως σοι οἱ ὑπουργοῦντες μὴ πλείους τῶν ὑπουργουμένων ὑπάρχωσιν· ἄτοπον γὰρ ὀλίγαις στιβάσι πολλὰς δουλεύειν ψυχάς [1]). Und eine wohl auf

---

[1]) Vgl. D. III 26,21, Seneca Dial. VII 17,2 Epist. 95,24, die

— 33 —

Musonius zurückgehende lebendige Schilderung der verschiedenartigen Obliegenheiten der Sklaven lesen wir bei Clemens III 26 (38). Wenn Philo an den Sklaven besonders die übertriebene Haar- und Bartpflege, das Flechten und Schnüren, den ungleichen Schnitt der Haare rügt, so sind das alles Künste, deren Anwendung Musonius und Clemens dem Manne namentlich verbieten[1]).

VI.

In seiner scharfen Kritik der Symposien des Xenophon und Plato, denen er das der Therapeuten gegenüberstellt, hat Philo am meisten die Behandlung der Päderastie durch Plato zu tadeln (DVC 7 S. 480). Ausser den Gründen, dass Seele, Körper und Besitz durch dies Laster geschädigt werde, hebt er noch besonders hervor: παραφύεται[2]) δὲ καὶ μεῖζον ἄλλο πάνδημον κακὸν ἐρημίαν

Stellen in Haases Index unter servus und besonders [Diog.] Epist. 37,3. 4. Die Therapeuten verwerfen bei Philo 9 S. 482 die Bedienung durch Sklaven, weil — nach stoischer Lehre — die Natur alle frei geschaffen.

[1]) Die Parallelen sind zum Teil schon von Conybeare angeführt. Mit Philo λελειασμένοι, τά τε πρόσωπα ἐντρίβονται καὶ ὑπογράφονται vgl. Musonius bei Stob. S. 290,12. 22 Hense und Clem. III 15ff. 64 II 104. Musonius a. O. fordert, dass das Haar gleichmässig geschoren werde.

[2]) Mit Unrecht liest Conybeare nach Arm. παραφύεσθαι. Das ἀνάγκη γὰρ . . . begründet die vorher erwähnte Schädigung von σῶμα, ψυχὴ und οὐσία. Mit παραφύεται kommt ein neuer und selbständiger Gedanke hinzu.

Festschrift für Diels.

πόλεων καὶ σπάνιν τοῦ ἀρίστου γένους ἀνθρώπων καὶ στείρωσιν καὶ ἀγονίαν τεχναζόντων, οἳ μιμοῦνται τοὺς ἀνεπιστήμονας τῆς γεωργίας σπείροντας[1]) ἀντὶ τῆς βαθυγείου πεδιάδος ὑφάλμους ἀρούρας ἢ λιθώδη καὶ ἀπόκροτα χωρία[2]). Auch Musonius (bei Stob. S. 286, Clem. II 87) bekämpft die Päderastie, er erklärt es für die Pflicht des Mannes zu sorgen, ὅπως ἡ πόλις μὴ ἔρημος ᾖ und sagt, wer von der Ehe nichts wissen wolle, der vernichte für sein Teil das Haus, die Stadt, das ganze Menschengeschlecht (bei Stob. III S. 4, 26. 23. 5,14)[3]). Philo vertritt in Bezug auf den Geschlechtsgenuss die strengen Grundsätze des Musonius, mit dem er sich auch hier oft wörtlich berührt[4]). Der Geschlechtsverkehr ausser der Ehe gilt ihm als unerlaubt. Quod det. pot. ins. 27 S. 211 sagt er:

---

[1]) So ist zu lesen statt σπείροντες.

[2]) Aehnlich wird De Abr. 26 S. 20. 21 das Naturwidrige des Lasters hervorgehoben. Die ihm fröhnen, führen die θήλεια νόσος (De leg. spec. 7 S. 305. 306 De vict. off. 13 S. 261) ein und vernichten τό γε ἐπ' αὐτοῖς ἧκον μέρος τὸ σύμπαν ἀνθρώπων γένος. Am ausführlichsten behandelt das Thema De leg. spec. a. O., wo besonders die kunstvolle Haartracht, das Schminken und Salben der diesem Laster Ergebenen ähnlich wie von Musonius bei Stob. S. 290,15. 291 H getadelt wird. Sie schämen sich nicht die Natur des Mannes in die des Weibes zu verwandeln, vgl. Tischendorf, Philonea S. 19,16 ff. De sacrif. Ab. et Caini 30 S. 183 De vict. off. a. O. Sternbach zum Gnomol. Vat. Nr. 144.

[3]) Vgl. Clemens Strom. II 140 Epiktet III 7,19. Der entgegengesetzte Standpunkt fand auch später noch kynische Verteidiger, s. [Diog.] Epist. 47, wo die Ehe verworfen, das Aussterben des Menschengeschlechts eher als Glück bezeichnet wird.

[4]) Ueber Epiktet s. Bonhöffer, die Ethik des Stoikers Epiktet S. 63. 86 ff.

μηδ' ὅτι μερῶν τῶν πρὸς γονὰς ἠξιώθης ἕνεκα τῆς διαμονῆς τοῦ παντός, φθορὰς καὶ μοιχείας καὶ τὰς ἄλλας οὐκ εὐαγεῖς μίξεις μετέρχου, ἀλλ' ὅσαι μετὰ νόμου τὸ ἀνθρώπων σπείρουσί τε καὶ φυτεύουσι γένος. Die ἔκνομοι συνουσίαι stehen den σύνοδοι νόμιμοι gegenüber [1]), und in auffallender Berührung mit den λόγια Christi sagt er Quod det. 48: ἐξευνουχισθῆναί γε μὴν ἄμεινον ἢ πρὸς συνουσίας ἐκνόμους λυττᾶν. Aber auch in der Ehe wird der Geschlechtsverkehr beschränkt [2]). Denn sein einziger Zweck ist die Kinderzeugung [3]). Ebenso fordert Musonius bei Stob. S. 286 Hense μόνα μὲν ἀφροδίσια νομίζειν δίκαια τὰ ἐν γάμῳ καὶ ἐπὶ γενέσει τέκνων συντελούμενα, ὅτι καὶ νόμιμά ἐστιν. τὰ δέ γε ἡδονὴν θηρώμενα ψιλὴν ἄδικα καὶ παράνομα, κἂν ἐν γάμῳ ᾖ (vgl. Stob. III S. 6,19 ff. Mein., Peerlkamp S. 355 Sen. De matrimonio § 85). Allen ausserehelichen Geschlechtsverkehr verwirft er. τὸ γὰρ μὴ νόμιμον μηδ' εὐπρεπὲς τῶν συνου-

---

[1]) Quod. det. pot. ins. 47. 48 S. 223. 224 De Jos. 9 S. 48 Tischendorf, Philonea S. 19,15.

[2]) De leg. spec. 2 S. 301 werden getadelt οἱ φιλογύναιοι (die Hss. φιλογυναίοις) συνουσίαις ἐπιμεμηνότες καὶ λαγνίστερον προσομιλοῦντες γυναιξὶν οὐκ ἀλλοτρίαις, ἀλλὰ ταῖς ἑαυτῶν, vgl. ebenda 6 S. 305. 20 S. 318 φιλήδονοι μὲν γάρ εἰ (so Selden. statt οἵ) μὴ σπορᾶς ἕνεκα τέκνων καὶ τοῦ διαιωνίσαι τὸ γένος συνέρχονται γυναιξίν, ἀλλὰ θηρώμενοι συῶν ἢ τράγων τρόπον τὴν ἐξ ὁμιλίας ἀπόλαυσιν. Neu entd. Fragm. S. 23 Nr. 6.

[3]) De Jos. a. O. προτεθειμένοι τέλος οὐχ ἡδονήν, ἀλλὰ γνησίων παίδων σπορᾶν V. Mos. 6 S. 85 De Cherub. 13 S. 147. Quaest. in Gen. IV 61. 86. Die geistige Gemeinschaft zwischen Mann und Frau kommt, anders als bei Musonius, bei Philo nur selten (Quaest. in Gen. III 21) zur Geltung. De spec. leg. 31 S. 327 Quaest. in Gen. I 26 erinnert an die Art, wie Musonius bei Stob. S. 238 W die Pflichten des Mannes und der Frau scheidet.

σιῶν τούτων αἶσχός τε καὶ ὄνειδος μέγα τοῖς θηρωμένοις αὐτάς. — De Jos. a. O. nennt Philo den Ehebruch das grösste Unrecht, was de spec. leg. 2 S. 301 näher begründet wird: τοὺς δέ γυναιξὶν ἄλλων ... ἐπιμεμηνότας καὶ ἐπὶ λύμῃ τῶν πλησίον (so die Hss., πλησίων vulg.) ζῶντας ὅλα γένη πολυάνθρωπα κιβδηλεύειν ἐπιχειροῦντας καὶ τὰς μὲν ἐπιγαμίους εὐχὰς παλιμφήμους, τὰς δὲ ἐπὶ τέκνοις ἐλπίδας ἀτελεῖς[1]) ἀπεργαζομένους ... ὡς κοινοὺς ἐχθροὺς ἅπαντος ἀνθρώπων γένους κολαστέον[2]). Die Schutzgötter der Ehe und die an sie gerichteten Gebete erwähnt Musonius bei Stob. III S. 6 Mein., und mit einer an Philo erinnernden Wendung lässt er den Unkeuschen sagen, dass, wer mit einer Hetäre umgehe, ἐλπίδα παίδων οὐδενὸς διαφθείρει. Eine genauere sachliche Parallele aber giebt hier die scharfe Kritik, die Epiktet II 4 an einem Ehebrecher übt. Dieser hat nach ihm jeden Anspruch auf das Vertrauen seiner Mitbürger verloren und ist unfähig, irgend eine Stelle in der menschlichen Gesellschaft einzunehmen (vgl. II 10,18). — Ueberhaupt ist nach Philo die Wollust die Ursache des grössten Unheils. Die grössten Kriege sind entstanden δι᾽ ἔρωτας καὶ μοιχείας καὶ γυναικῶν ἀπάτας (De Jos. 11 S. 50, vgl. De decal. 28 S. 205 De post. Caini 34 S. 248). Aehnlich heisst es bei Dio Chrys. VI § 16. 17, dass der ἀφροδίσια wegen, deren Genuss Diogenes sich so leicht verschaffte, schon viele Städte elend zu Grunde gegangen seien,

---

[1]) De creat. princ. 11 S. 370 φθείροντας (so die Hss.) δὲ καὶ τὰς ἐπὶ τέκνων σπορᾷ γνησίων χρηστὰς ἐλπίδας De decal. 24 S. 201.
[2]) Ausführlicher noch die Begründung De decal. 24 S. 201.

und in ähnlich kynischer Wendung bei Hor. Sat. I 3, 107 nam fuit ante Helenam cunnus taeterrima belli causa[1]).

Philo und Musonius bekämpfen auf Schärfste die Aussetzung der Kinder, freilich mit verschiedenen Gründen. Die Eltern, welche ihre Kinder aussetzen, übertreten nach Philo das Naturgesetz. Sie machen sich schuldig der φιληδονία, indem ihr Geschlechtsverkehr nicht die Kinderzeugung, sondern die Lust zum Zwecke hat, der μισανθρωπία, der ἀνδροφονία und τεκνοκτονία. Sie lassen sich oft beschämen durch die Barmherzigkeit derer, die die fremden Kinder aufnehmen (De leg. spec. 20 S. 318. 319). Mit ähnlichen Gründen wird De caritate 17 S. 397 die Abtreibung der Frucht bekämpft. Doch kommt ein neuer Gesichtspunkt hinzu: das Verbrechen ist eine Sünde gegen das Menschengeschlecht. τίνι γὰρ δι᾽ εὐνοίας ἀφίξεσθε (so Selden. statt ἐγένεσθε) γενόμενοι τῶν ἰδίων τέκνων αὐτόχειρες; οἱ τὰς πόλεις τό γ᾽ ἐφ᾽ αὑτοῖς ἧκον μέρος ἐρημοῦντες, ἀπὸ τῶν ἐγγυτάτω γένους ἀρξάμενοι τῆς ἀπωλείας. Bei Musonius (Stob. III S. 74. 129 Mein.) überwiegen in der Polemik gegen die Sitte der Aussetzung die Nützlichkeitsgründe. Zwar erinnert er daran, dass die Gesetzgeber die Vermehrung der Bürger begünstigen und wünschen, dass sie die ἄμβλωσις verbieten, die Aussetzung also auch dem Willen des Gesetzes widerspreche, er sieht sie auch als eine Sünde

---

[1]) Vgl. auch Hor. Epist. I 2,6 Seneca De matrimonio § 67, Epiktet I 28,13 III 22,37 Clem. III 13. Habgier Ursache des Krieges: De decal. De post. Caini a. O., Platos Phaedon S. 66 C [Luc.] Cyn. 15,9 Seneca Epist. 94,57. 58.

gegen die Götter des Geschlechtes an. Besonders aber betont er den Segen und Nutzen, den Kinder den Eltern und Geschwister einander bringen. Es ist nicht denkbar, dass die von Philo geltend gemachten Gründe der Humanität ganz bei Musonius gefehlt haben sollten. Wäre uns seine Diatribe in ihrem ganzen Umfange erhalten, so würden wir in ihr ähnliche Gedanken wie die philonischen wiederfinden.

VII.

Wie Philo alle Gebiete des privaten Lebens einer scharfen Kritik unterwirft, überall sittlichen Verfall und Verdorbenheit erblickt und von den stoischen Grundsätzen eines naturgemässen, vernünftigen und einfachen Lebens aus eine gründliche Reform aller privaten Lebensverhältnisse und Lebensäusserungen fordert, so fühlt er sich auch von dem öffentlichen Leben seiner Zeit durchaus unbefriedigt und betrachtet es mit dem aus Verachtung und Mitleid gemischten Gefühl des stoischen Sittenpredigers. Wenn der Weise, sagt er De conf. 12 S. 411. 412, den beständigen Krieg betrachtet, der bei äusserlichem Frieden sich im öffentlichen und privaten Leben, nicht nur zwischen Völkern, Ländern, Städten, Dörfern, sondern in jedem Hause, ja in jedem Menschen abspielt[1]), so kann er sich nicht versagen, beständig zu mahnen, zu schelten, zurechtzuweisen, zu

---

[1]) Vgl. De Gig. 11 S. 269.

bessern¹). πάντα γὰρ ὅσα ἐν πολέμῳ δρᾶται κατ᾽ εἰρήνην· συλῶσιν, ἁρπάζουσιν, ἀνδραποδίζονται, λεηλατοῦσι, πορθοῦσιν, ὑβρίζουσιν, αἰκίζονται, φθείρουσιν, αἰσχύνουσι, δολοφονοῦσιν, ἄντικρυς, ἢν ὦσι δυνατώτεροι, κτείνουσι κτλ. De Abr. 3 S. 4 ὁ μὲν φαῦλος ἀγορὰν καὶ θέατρα καὶ δικαστήρια, βουλευτήριά τε καὶ ἐκκλησίας καὶ πάντα σύλλογον καὶ θίασον ἀνθρώπων, ἅτε φιλοπραγμοσύνῃ συζῶν, μετατρέχει²). Wenigstens in einem Ausdruck klingt Epiktet an, wenn er II 22, 28 sagt, die falsche Vorstellung vom Werte der äusseren Güter bringe die Menschen dazu δάκνειν ἀλλήλους καὶ λοιδορεῖσθαι³) . . . καὶ ἐν τοῖς δικαστηρίοις ἀποδείκνυσθαι τὰ λῃστῶν. Ganz derselben Stimmung aber, wie die philonische Polemik, ist die Beurteilung des öffentlichen Lebens im 7. heraklitischen Briefe entsprungen⁴), der zwar einige Spuren des biblischen Einflusses zu zeigen scheint⁵), im ganzen aber den Ton der philosophischen

---

¹) Aehnlich wird der Beruf des kynischen Philosophen beschrieben, s. Norden, Beiträge zur Gesch. der griech. Philos. S. 377 ff.; Zeller, Sitzungsber. der preuss. Akad. der Wiss. 1893 S. 129.

²) Tischendorf, Philonea S. 17,7 ff. De somn. I 20 S. 639 τὰ ἐν δικαστηρίοις καὶ βουλευτηρίοις καὶ θεάτροις καὶ πανταχοῦ [καὶ] πρὸς τοὺς ἄλλους ἀδικήματα. καὶ fehlt in A.

³) Die folgenden Worte καὶ τὰς ἐρημίας καταλαμβάνειν ἢ τὰς ἀγορὰς ὡς τὰ ὄρη sind verderbt. Mit Elters θηρία statt τὰ ὄρη ist der Stelle nicht geholfen. Denn statt des ἐρημίας καταλαμβάνειν schon erwarten wir einen neuen Frevel.

⁴) Vgl. auch [Krates] Epist. 7 [Diogenes] Epist. 28, besonders § 1 ἐν πολέμῳ τὸν ὅλον βίον καταγηρᾶτε, 2 ἐν τῇ καλουμένῃ εἰρήνῃ [Hippokrates] Epist. 17,28. 43 S. 301. 303 Hercher.

⁵) Dass τὰ ζῶντα κατεσθίετε sich nicht im allgemeinen auf

Diatribe nicht ohne Uebertreibung nachahmt. Man beachte namentlich die Worte τίνι συμμοιχεύω, τίνι συμμιαιφονῶ, τίνι συμμεθύω, τίνι συμφθείρομαι; ... ἐρημίαν αὐτὴν (die Stadt) πεποιήκατε διὰ κακίας. Ihr zieht vor Gericht wie in den Krieg, eure Zungen als Waffen brauchend, nachdem ihre alle möglichen Schandthaten begangen habt. ἐν εἰρήνῃ πολεμεῖτε διὰ λόγων ... ἁρπάζετε τὸ δίκαιον ἐν ξίφεσιν .... οἱ ἔνδον πολέμιοι ἀλλὰ πολῖται ... τοὺς ἐλευθέρους ἀνδροποδίζετε. Wenn nach dem Verf. auch die Friedenszeit in Wahrheit Kriegszeit ist, indem der Krieg in die Gerichtssäle verlegt ist, wenn das ganze öffentliche Leben sich ihm unter dem Bilde einer fortgesetzten Reihe von Verbrechen und Unrecht darstellt[1]), wenn er unter diesen Verbrechen besonders Raub und Mord, Verführung und ἀνδραποδισμὸς anführt, so stimmt er mit Philo überein. Und auch sonst berührt sich der Inhalt des Briefes vielfach mit dem Stoffe der Diatribe [2]).

Fleischgenuss, sondern nur auf den namentlich in bakchischen Orgien üblichen Genuss rohen Fleisches beziehen kann, zeigt der Sprachgebrauch (Bernays Herakl. Briefe S. 72). Auch bei Laert. Diog. VI 73 wird zu lesen sein: Diogenes hielt es für erlaubt τῶν ζώντων (oder ζωῶν, statt ζῴων) τινὸς γεύσασθαι, vgl. 34.

[1]) Aehnlich das Urteil des Herodot und des hippokratischen Buches über Diät über das Marktleben als beständigen Betrug (Bernays S. 76).

[2]) An diese erinnert die für einen Brief an Hermodor unpassende Anrede S. 74,19 Byw. ὦ ἄνθρωποι (diese Anrede in der Diatribe häufig, s. Hartlich, Leipz. Studien XI S. 314 und Schenkls Index zu Epiktet), mit der der Brief den Predigtton annimmt, die Polemik gegen Putzsucht (75,7) und Verbrauch von

Philos Strafreden gehen auch genauer auf einzelne Gebiete des öffentlichen Lebens ein. De Cherub. 27 S. 55 eifert er gegen die übliche Begehung der Feste (πανηγύρεις), die nach ihm jeder Art der Ausschweifung dienen. Dass namentlich religiöse Feste gemeint sind, sagt er ausdrücklich (ἐκ μυθικῶν πλασμάτων συνέστησαν und vgl. das ganze Kap. 28), und auf solche deutet namentlich die ἄδεια, ἄνεσις ἐκεχειρία, die παννυχίδες, die μεθημερινοὶ γάμοι (aus Demosth. De cor. 129), unter denen vielleicht die Darstellung eines ἱερὸς γάμος verstanden ist[1]). Wenn er in diesem Zusammenhange von βιαιόταται ὕβρεις redet, so denkt er jedenfalls an die bei den heiligen Nachtfeiern so häufige Entehrung der Mädchen, die auch der Verfasser des heraklitischen Briefes den Ephesiern zum Vorwurf macht[2]). Ebenso hebt er im Gegensatz zu der heiligen Sabbathfeier V. Mos. II 4 S. 138 die durch andere Feste begünstigte Völlerei und Unsittlichkeit

---

Salben (75,12), gegen Gastmähler und Kampfspiele (75,12 ff.), die Berufung auf die Tiere als Muster. Wenn auch die Inschutznahme der λειποτάκται, die Bernays S. 71 einem „mit der griechisch-römischen Welt durch noch so lose Bande zusammenhängenden Schriftsteller" nicht zutrauen will, sich in der Diatribe nicht nachweisen lässt, vielleicht nur zufällig, so doch die Verwerfung des Krieges: Epiktet II 22,22, Sen. Epist. 95,30. 31 [Diogenes] Epist. 20, vgl. S. 36. Stellt doch sogar M. Aurel X 10 der Gesinnung nach den Soldaten und Räuber auf eine Stufe. Nach diesen Stellen können wir uns eine Vorstellung bilden vom Inhalt der Friedensrede des Musonius, die nur Spott und Unwillen erregte und die Tacitus selbst als intempestiva sapientia bezeichnet (Hist. III 81).

[1]) S. Lobeck, Aglaophamus S. 609 ff.

[2]) S. 75,9 Byw. κόρην βίᾳ διαπαρθενευθεῖσαν ἐν παννυχίσιν, dazu Bernays S. 70 Friedländer Sittengesch. I S. 501.

(vgl. Neu entd. Fragm. S. 13, 10) hervor. Er verbietet De vict. off. 12 S. 260 die Teilnahme an irgend welchen τελεταί καί μυστήρια¹), die zur Zeit des religiösen Synkretismus in den verschiedensten Formen von zahllosen Konventikeln gepflegt wurden. Die mit ihnen verbundene Geheimnissthuerei und Scheu vor der Oeffentlichkeit ist ihm ein genügender Beweis ihrer Verwerflichkeit. Warum, fragt er die Mysten, teilt ihr eure Lehren, wenn sie schön und nützlich sind, nicht allen Menschen auf offenem Markte mit? Im Gegenteil finden wir oft, dass von guten Menschen keiner, wohl aber Räuber und Seeräuber, verächtliche und zuchtlose Weiber für schnödes Geld in die Mysterien eingeweiht werden²). Den ersten von Philo ausführlich entwickelten Gedanken finden wir in ein kurzes Apophthegma des Kynikers Demonax gefasst: Auf den Vorwurf, dass er allein in die eleusinischen Mysterien nicht eingeweiht sei, erwidert er, ὅτι, ἄν τε φαῦλα ᾖ τὰ μυστήρια, οὐ σιωπήσεται πρὸς τοὺς μηδέπω μεμυημένους, ἀλλ' ἀποτρέψει αὐτοὺς τῶν ὀργίων, ἄν τε καλά, πᾶσιν αὐτὰ ἐξαγορεύσειν ὑπὸ φιλανθρωπίας (Lucian 11). Und auch der andere von Philo gegen die Mysterien gerichtete Vorwurf kehrt ähnlich, aber in schärferer Fassung in einem Apophthegma des Diogenes wieder: γελοῖον, εἰ Ἀγησίλαος μὲν καὶ Ἐπα-

---

¹) Diese wie die πανηγύρεις verworfen auch von [Hippokrates] Epist. 27, 21 S. 300 Hercher.
²) S. auch De spec. leg. 7 S. 306 τοὺς γοῦν ἀνδρογύνους ἰδεῖν ἔστι ... κἀν ταῖς ἑορταῖς προπομπεύοντας καὶ τὰ ἱερὰ τοὺς ἀνιέρους διειληχότας καὶ μυστηρίων καὶ τελετῶν κατάρχοντας καὶ τὰ Δήμητρος ὀργιάζοντας.

μεινώνδας ἐν τῷ βορβόρῳ διάξουσιν, εὐτελεῖς δέ τινες μεμυημένοι ἐν ταῖς μακάρων νήσοις ἔσονται¹). — Sehr heftige Worte richtet Philo gegen die alexandrinischen θίασοι (In Flacc. 17 S. 537), und er lobt den Flaccus, dass er im Beginn seiner Verwaltung solche Vereine aufgelöst habe²).

Mit besonderer Vorliebe wendet sich die kynisch-stoische Diatribe und in Uebereinstimmung mit ihr Philo gegen die Athleten (vgl. S. 22). Die sogenannten ἱεροὶ ἀγῶνες verdienen nach Philo in Wahrheit diesen Namen nicht³). Er macht die Künste der Athleten verächtlich durch den Vergleich mit den grösseren körperlichen Fähigkeiten und Vorzügen der Tiere⁴), er hebt den Widerspruch hervor, dass sonst körperliche Verletzung gestraft, bei den Kampfspielen mit Kränzen und Ehren belohnt werde⁵), er bezeichnet wiederholt als

---

¹) Laert. Diog. VI 39 und Julian S. 238 A, ähnlich Plut. De aud. poet. 5 S. 21 F. Andere kynische Apophthegmen über Mysterien bei Zeller II 1 S. 330 Lucian a. O. 34.

²) In Flaccum 1 S. 518 τάς τε ἑταιρείας καὶ συνόδους, αἳ ἀεὶ ἐπὶ προφάσει θυσιῶν εἱστιῶντο τοῖς πράγμασιν ἐμπαροινοῦσαι, διέλυε, vgl. De praem. et poen. 3 S. 411 Diogenes bei Laert. Diog. VI 28 ἐκίνει δ' αὐτὸν καὶ τὸ θύειν μὲν τοῖς θεοῖς ὑπὲρ ὑγιείας, ἐν αὐτῇ δὲ τῇ θυσίᾳ κατὰ τῆς ὑγιείας δειπνεῖν (ein ähnlicher Gegensatz bei Persius 2,41—43).

³) De agric. 25. 26 S. 317. 318 De praem. et poenis 9 S. 416. Uebrigens redet Philo trotzdem nicht nur in den für weitere Kreise bestimmten Schriften In Flaccum 11 S. 530 Quod omn. prob. lib. 17 S. 463 ohne Einschränkung von ἱεροὶ ἀγῶνες, sondern auch Quaest. in Gen. III 20.

⁴) De agric. 26, andere Stellen des Philo bei Norden S. 304. 305; vgl. auch Kaibel a. O. S. 46 ff.

⁵) De agric. und De praem. et poen. a. O.

den wahren ἀγὼν den mit den Leidenschaften und Lastern¹), — alles Gedanken, die durch die philosophische Diatribe vorzüglich im Umlauf gesetzt sind. Ganz im Sinne der Popularphilosophie verwirft Philo die Leidenschaft seiner Zeit für Schauspiele, den Geschmack an einer entnervten und weichlichen Musik²), das Interesse für Tänzer und Mimen und ihre entsittlichenden Darstellungen³) (De agric. 8 S. 305 V. Mos. III 27 S. 167 In Flaccum 10 S. 529). Wie er Caligula durch Makron zu einer würdigen und für die Menge mustergiltigen Haltung bei öffentlichen Schauspielen ermahnt werden lässt (Leg. ad Gai. 7 S. 552), so hält Epiktet III 4 einem Statthalter von Epirus in ähnlichem Tone sein unschickliches Verhalten beim Schauspiel vor⁴).

So erscheint dem Philo das gesammte Thun und Treiben der Menschen im öffentlichen und privaten Leben auf falsche, eitle und vergängliche Ziele gerichtet, für deren Erreichung eine unverhältnismässige Kraft und Mühe vergeudet wird. Mit Anspielung auf ein dem Protreptikos des Aristoteles zugewiesenes Bruchstück⁵) sagt

---

¹) De agric. 25. 27 De praem. et poen. 1 S. 409 Quod deus immut. 31 S. 294 Norden S. 301. 302 Weber S. 138 ff. 178, vgl. auch [Heraklit] 4. Brief S. 72,5 ff. Byw.
²) Friedländer III S. 349 ff.
³) Friedländer II S. 438. 459 Epiktet IV 2,9 ἀναπηδῶν ἐπικρούγαζε τῷ ὀρχηστῇ.
⁴) Vgl. auch Gnomol. Vatic. ed. Sternbach Nr. 49.
⁵) Jamblich Protr. 6 S. 40,4 Pistelli (S. 62,9 der letzten Fragmentensammlung von Rose, vgl. Hartlich Leipzig Stud. XI S. 257): οὐδὲ δεῖ χρημάτων μὲν ἕνεκα πλεῖν ἐφ᾽ Ἡρακλέους στήλας καὶ πολλά-

er De migr. 39 S. 470, mit Recht habe man es für sonderbar erklärt, dass Kaufleute um elenden Gewinnes willen die Meere durchfahren und die ganze Welt durchwandern, indem sie alle anderen Rücksichten hintansetzen, dass man aber um der Weisheit willen, die der schönste und erstrebenswerteste Besitz ist, nicht die Meere durchsegele und die Welt durchsuche. Quod omn. prob. lib. 10 S. 455, wo derselbe Gedanke ausgeführt ist, wird hinzugefügt, dass es ja freilich keiner weiten Wanderung oder Meerfahrt bedürfe, um die Tugend, die uns so nahe liegt, zu erlangen[1]). Direkt aus Aristoteles hat den Gedanken Philo sicher nicht entlehnt. Denn auch Epiktet verwertet ihn III 8,6 πότε οὕτως ἔπλευσας ὑπὲρ τοῦ τὰ δόγματα ἐπισκέψασθαι τὰ σαυτοῦ κτλ.[2]) I 6,23 ἀλλ' εἰς Ὀλυμπίαν μὲν ἀποδημεῖτε, ἵν' ἴδητε τὸ ἔργον τὸ (cod. τοῦ) Φειδίου . . . ὅπου δ' οὐδ' ἀποδημῆσαι χρεία ἐστίν, ἀλλ' ἔστιν ἤδη καὶ πάρεστιν τοῖς ἔργοις, ταῦτα δὲ θεάσασθαι καὶ κατανοῆσαι οὐκ ἐπιθυμήσετε;[3]) Man sollte meinen, dass Philo bei solchen geringschätzigen Aeusserungen über das öffentliche Leben eine völlige Zurückziehung aus dem-

---

κις κινδυνεύειν, διὰ δὲ φρόνησιν μηδὲν πονεῖν μηδὲ δαπανᾶν. S. auch Rose S. 69,21 ff.

[1]) Vgl. De poenit. 2 S. 406 De post. Caini 24 S. 241.
[2]) I 29,38 ἤθελον πλεῦσαι ἐπ' αὐτὸ τοῦτο καὶ ἰδεῖν τί μου ποιεῖ ὁ ἀθλητής.
[3]) Hor. Epist. I 1,45. 11,29. Mit Absicht habe ich Stellen, wo der Gedanke allgemeiner, ohne die Erwähnung der Schifffahrt oder Reise, ausgedrückt ist, wie Porph. ad Marc. 32 [Hippokrates] Epist. 17,25 S. 301 Hercher, ausgeschlossen. Die Diatribe des Musonius ὅτι πόνου καταφρονητέον (bei Stob. S. 643 Hense) führt den Gedanken ins einzelne aus.

selben gefordert, ein quietistisches und beschauliches Dasein als das Ideal angesehen habe. Zog doch überhaupt der Individualismus und die sittliche und religiöse Vertiefung der hellenistischen Zeit gerade bei den edelsten Geistern den Trieb zur Isolirung und Zurückziehung auf das eigene Innere gross. Forderte doch der Hedonismus Epikurs wie die sittliche Rigorosität des Kynismus den Ausschluss von den Aufgaben des öffentlichen Lebens und erstickte den alten Bürgersinn, und wenn die Stoa im Princip eine Beteiligung am öffentlichen Leben forderte, so machte doch die Fülle von Ausnahmen, die sie statuirte und die Neigung für philosophisches Stillleben ihre principielle Forderung meist illusorisch[1]). Wenn nun auch nach Philos eigenem Bekenntnis das beschauliche Leben seiner eigenen Neigung mehr entsprach, hat er sich doch, wie Conybeare S. 269 ff. zeigt, von der einseitigen Ueberschätzung desselben freizuhalten gewusst, den πρακτικὸς βίος als Pflicht eines jeden Mannes angesehen[2]) und dem höheren Alter den vollen Genuss des θεωρητικὸς βίος vorbehalten wollen. Und damit braucht er nicht direkt auf Aristoteles zurückgegriffen zu haben. Hatte doch auch Panaetius neben der forschenden Thätigkeit die Pflicht des Handelns und der Teilnahme am öffentlichen Leben stark betont. So verbietet zwar die

---

[1]) S. Berl. philol. Woch. 1887 S. 1501 ff.
[2]) S. ausser den Citaten bei Conybeare auch Quaest. in Gen. III 16, wo Schiffahrt, Ackerbau, Handel neben einander genannt werden; vgl. De Cherub. 10 S. 145 Heinze a. O. S. 17. Ueber den βιὸς πρακτικὸς s. auch Quaest. in Gen. IV 47.

stoische Diatribe das Jagen nach äusseren Gütern, aber nicht ihren Genuss, wenn sie sich dem Menschen von selbst geboten haben. Denn auch sie sind ein Stoff, den die Tugend wie jeden andern zu gestalten weiss. So betont auch Epiktet energisch die Pflichten gegen den Staat[1]), gebietet ein Amt anzunehmen und in seiner Verwaltung zu zeigen, πῶς ἄνθρωπος ἀναστρέφεται πεπαιδευμένος (I 29,44, vgl. I 13,6). Beamter oder Privatmann, Bürger oder verbannt, arm oder reich, — in allen Lagen und Stellungen des Lebens wird der Jünger der Philosophie sich als den gleichen bewähren (II 16,42). Wie es falsch ist nach Senatorenrang oder Aemtern zu streben, ebenso falsch auch, diesen Obliegenheiten sich zu entziehen (IV 3,1. 19). Wie es verkehrt ist nach äusseren Gütern zu trachten, ebenso verkehrt, sie zu vernachlässigen, wenn man sie besitzt (II 5)[2]). Mit den gegebenen Verhältnissen gilt es zufrieden zu sein, in alle sich zu schicken. In demselben Tone ist Philo De profug. 5. 6 S. 550. 551 gehalten — eine Stelle, die man als eine eingelegte Diatribe betrachten darf[3]): um den,

---

[1]) Bonhöffer a. O. S. 94.

[2]) Vgl. Zeno bei Athenaeus VI S. 233 B und das von Diels (Archiv f. Gesch. d. Philos. I 479) entdeckte und auf Aristoteles Protreptikos zurückgeführte Bruchstück des Hortensius bei Augustin, Soliloquia I 17 nullo modo appetendas esse divitias, sed si provenerint, sapientissime atque cautissime administrandas. Sehr ähnlich dem Standpunkt Epiktets und Philos den äusseren Gütern und Ehren gegenüber ist der, den Seneca De beata vita 21 ff. (3,3) entwickelt. Vgl. auch Hense Rh. M. XLVII S. 240. Verwandt ist der Standpunkt Aristipps (Zeller II 1 S. 361 ff.), der ja auch die Diatribe beeinflusst hat.

[3]) Dies gilt wenigstens von den Grundgedanken, die ich allein

der den Reichtum schlecht anwendet, zu beschämen, weise nicht den Ueberfluss von Dir. Um den Ehrgeizigen und Prahler zurechtzuweisen, verschmähe nicht die Ehre bei der Menge, wenn sie sich dir bietet. Selbst zum üppigen Male darfst du ruhig gehen, um durch dein Verhalten die andern zu beschämen. Wer das gemeinschaftliche Leben, Erwerb, Lust, Ehre, die Staatsgeschäfte zu verachten vorgiebt, dem sollte man entgegenhalten, dass es mehr heissen will, auf allen diesen Gebieten die Tugend zu bewähren als ihrer Bethätigung ängstlich aus dem Wege zu gehen. Uebet das praktische Leben vor dem theoretischen wie den Vorkampf vor dem eigentlichen Kampfe. Nur so vermeidet ihr den Vorwurf der Trägheit. Und vorher (Kap. 4 S. 550, das überhaupt zu vergleichen ist) heisst es: nimm Teil an all den äussern Gütern, die die Schlechten missbrauchen, und wenn Du sie besitzest, οἷα δημιουργὸς ἀγαθὸς εἶδος ἄριστον ταῖς ὑλικαῖς οὐσίαις ἐγχάραξον καὶ ἐπαινετὸν ἀποτέλεσον ἔργον[1]). Dieselbe Anpassung an die oft wechselnden Verhältnisse wird De Jos. 24 S. 61 in scharfen Antithesen, wie sie die Diatribe liebt, gefordert: ἀλλότριον τοῦτο· μὴ ἐπιθύ-

---

anführe. Bezeichnend ist die fingirte Anrede und die der Diatribe eigene Vorliebe für den beigeordneten Hauptsatz an Stelle des untergeordneten Bedingungssatzes, (Müller De Teletis elocutione S. 69), die aus dem philonischen Periodenbau völlig herausfällt.

[1]) Vgl. De Jos. 14 S. 52. Der bekannte Vergleich mit dem Schauspieler Quaest. in Gen. IV 124, der mit dem Steuermann De prof. 4. — Dies krankhafte Jagen nach äusseren Gütern wird natürlich verworfen, De ebr. 14 S. 365.

μει. ἴδιον τοῦτο· χρῶ μὴ παραχρώμενος¹). περιουσιάζεις· μεταδίδου ... ὀλίγα κέκτησαι· μὴ φθόνει τοῖς ἔχουσι ... εὐδοξεῖς καὶ τετίμησαι· μὴ καταλαζονεύου. ταπεινὸς εἶ ταῖς τύχαις· ἀλλὰ τὸ φρόνημα μή καταπιπτέτω. πάντα σοι κατὰ νοῦν χωρεῖ· μεταβολὴν εὐλαβοῦ. πταίεις πολλάκις· χρηστὰ ἔλπιζε· πρὸς γὰρ τἀναντία τῶν ἀνθρώπων (lies ἀνθρωπείων) αἱ τροπαί. Dem Inhalte wie der Form nach bietet die schlagendste Parallele Teles S. 6. 7. Man soll es machen wie die Schiffer: εὐδία, γαλήνη· ταῖς κώπαις πλέουσι. κατὰ ναῦν ἄνεμος· ἐπῆραν τὰ ἄρμενα ... γέρων γέγονας· μὴ ζήτει τὰ τοῦ νέου. ἀσθενὴς πάλιν· μὴ ζήτει τὰ τοῦ ἰσχυροῦ .... ἄπορος πάλιν γέγονας· μὴ ζήτει τὴν τοῦ εὐπόρου δίαιταν ... εὐπορία· διάστειλον. ἀπορία· σύστειλον.

VIII.

In der Einleitung seiner Schrift Q. omn. prob. lib. wendet sich Philo gegen die Ansicht der verblendeten Menge, der die stoischen παράδοξα seltsam und unvernünftig (παράλογα) erscheinen²). Er selbst bekennt sich oft zu diesen Sätzen, die die Gegner der Stoa mit Vorliebe aufgriffen, um sie lächerlich zu machen. Der Weise ist im Besitze aller Tugenden (De Abr. 6 S. 6).

---

¹) Anklang an Aristoteles, Fr. 56 Rose (vgl. Clem. Paed. II 9).
²) Gnomol. Vat. ed. Sternbach 295 Ζήνων ὁ Στωικὸς φιλόσοφος λεγόντων τινῶν ὅτι παράδοξα λέγει, ἔφη· ἀλλ' οὐ παράλογα, vgl. Apophthegma 18 bei Pearson und Kleanthes Fr. 107 bei demselben. Es fehlt bei Pearson Varros Zeugnis (Sat. Menipp. 245 B) für die Behandlung der παράδοξα durch Kleanthes.

Die ganze Welt ist ihm von Gott als Besitz verliehen (V. Mos. I 28 S. 105)[1]). Er allein ist Bürger (Q. omn. prob. lib. 1 S. 445), ist der wahre König (De agric. 10 S. 306) und ἡγεμών, nicht durch Loos oder Wahl für kurze Zeit, sondern von der Natur für immer eingesetzt, Herrscher wegen seiner königlichen Gesinnung, auch wenn es ihm an einem äusseren Gebiete der Herrschaft fehlt[2]). Mit ihm verglichen sind alle Herrscher, und wenn sie die ganze Welt besässen, ἰδιῶται (De plant. 16 S. 339. 340, Harris Fragments S. 36 = Quaest. in IV 76). Er allein ist wahrhaft schön, wäre er auch äusserlich hässlich wie ein Silen (Quaest. in Gen. IV 99). Umgekehrt ist der Schlechte φυγάς, auch wenn er mitten in der Stadt wohnt und an allen Aemtern und Ehren teilnimmt[3]), arm, auch wenn er im grössten Ueberflusse lebt[4]). Eine zweiteilige Schrift, deren erste Hälfte ver-

---

[1]) Ueber den Reichtun des Weisen s. auch De Prof. 3 S. 548. 549 De Plant. 16. 17 S. 339. 340 Q. omn. prob. lib. 2 S. 445 Quaest. in Gen. IV 182, über seine δόξα De prof. a. O.

[2]) De mut. nom. 28 S. 601 οὐ τὰς ὕλας ἐξετάσαντες ... ἀλλὰ τὴν ἐν τῇ διανοίᾳ βασιλικὴν ἕξιν κατανοήσαντες. De Post. Caini 37 S. 250 ἄρχων καὶ βασιλεὺς εὐθέως, κἂν μηδεμιᾶς ὕλης εὐπορῇ. Quaest. in Gen. III 22. IV 76 (= Harris Fragments S. 36). Nach Teles S. 16,13 ff. II. und Musonius bei Stob. II S. 276,4. 15 ff. Mein. ist der Weise Herrscher, auch wenn er nur über sich selbst die Herrschaft ausübt. Vgl. auch De somn. II 36 S. 691. De praem. 9 S. 416. 417.

[3]) Q. omn. prob. lib. 1 S. 445. Leg. all. III 1. 2 S. 87. 88. De Gig. 15 S. 272. De congr. erud. gratia 12 S. 527. Quaest. in Gen. IV 165. Quaest. in Exod. II 23.

[4]) Q. omn. prob. lib. 2. De prof. 3 S. 548 ἀδόξους καὶ πένητας, κἂν βασιλέων πολυχρύσων τύχας ὑπερβάλλωσιν Harris, Fragments S. 69.

loren ist, hat Philo dem Erweis des stoischen Satzes gewidmet πάντα φαῦλον εἶναι δοῦλον und πάντα σπουδαῖον εἶναι ἐλεύθερον[1]).

Besondere Beachtung verdient die Schrift Περὶ εὐγενείας, die in ihrem ersten Teile den stoischen Satz ὅτι μόνος ὁ σοφὸς εὐγενής entwickelt, um aus ihm die Gleichberechtigung der Proselyten abzuleiten und sie gegen Zurücksetzung durch jüdischen Nationalstolz energisch in Schutz zu nehmen[2]). Als Denkmal der jüdisch-hellenistischen Propaganda besonders interessant, ist sie zugleich geeignet unsere dürftigen Quellen für das stoische Paradoxon zu ergänzen. — Wenn die Bewunderer der εὐγένεια nach Philo οἴονται τοὺς ἐκ παλαιοπλούτων καὶ πάλαι ἐνδόξων εὐγενεῖς[3]), so legt er, indem er die tiefere Begriffsbestimmung, die namentlich Aristoteles gegeben

---

[1]) Ich gehe auf sie nicht ein, da ich verweisen kann auf Ausfelds Schrift (s. Archiv f. Gesch. d. Philos. 1 S. 509 ff.), Hilgenfeld Z. f. w. Theol. 1888 S. 49 ff., Hense Rh. M. XLVII S. 219 ff. Ueber die Quellen für das stoische Paradoxon s. Bernays Herakl. Briefe S. 101.

[2]) Massebieau, Le classement des oeuvres de Philon S. 53, danach zu berichtigen Immisch S. 79. Ausser den von Immisch, Commentationes philologae, quibus O. Ribbeckio congratulantur discipuli Lpz. 1888 S. 79. 85 angeführten Quellen für den stoischen Satz kommt namentlich in Betracht die jüngst gefundene pisidische Inschrift eines Verehrers Epiktets (Kaibel im Hermes XXIII S. 542 ff.), Galens Protreptikos Kap. 7, Dio Chrys. Or. XV Bd. I S. 268 ff. Dind., Boethius Cons. III 6 (auch 4); über Gregor von Nazianz s. Asmus Theol. Stud. u. Krit. 1894 S. 323, anderes unten. Zu vergleichen sind auch Gnomol. Vatic. ed. Sternbach No. 10. 15. 151. 257. 307.

[3]) Im Folgenden ist μηδὲ (so auch Selden.) statt μήτε zu lesen.

hatte¹), ignorirt, die Vorstellung der Menge zu Grunde²), gegen die auch die stoische Polemik sich gerichtet haben wird. Das wahre Gut und also auch der Adel darf nicht unter den äusseren Gütern (so Aristoteles, s. Immisch S. 83) oder dem Körperlichen, sondern allein in der Seele und in ihrem edelsten Teile gesucht werden. Denselben Gedanken spricht Seneca Ep. 44,5 (animus facit nobilem, vgl. Iuvenal VIII, 24) und De ben. III 28,1, ebenso der unbekannte Verehrer Epiktets mit den Worten aus (V. 4ff.):

ἀνδρὸς ἐλευθερίας στάθμαν ἔχε τὰν φύσιν αὐτάν.
αἴ κα τὰν γνώμαν τις ἐλεύθερος ἔνδοθεν εἴη
ὀρθᾶς ἐκ κραδιᾶς ἃ γεννικὸν ἀνέρα ποιῇ.
καὶ ταύτᾳ κρείνων τὸν ἐλεύθερον οὔ κεν ἁμάρτοις,
ὄγκον δὲ προγόνων λῆρον καὶ φλήναφον ἁγεῦ.
οὐ γάρ τοι πρόγονοι τὸν ἐλεύθερον ἄνδρα τίθεντι.
εἷς γὰρ Ζεὺς πάντων προπάτωρ, μία δ' ἀνδράσι ῥίζα³),
εἷς παλὸς πάντων· ὃ δὲ τὰν φύσιν ἔλλαχεν ἐσθλάν,
εὐπατρίδας τῆνος καὶ ἐλεύθερος ἀτρεκές ἐντι.

---

¹) Bernays, Die Dialoge des Aristoteles S. 141. Es ist eine ziemlich bedeutungslose aristotelische Floskel (Immisch S. 83), wenn Philo G S. 443 sagt καὶ τοῖς μεθ' αὐτὴν ἅπασιν εὐγενείας ἀρχὴ γενέσθαι, vgl. 3 S. 440 τοῖς μετ' αὐτὸν ἀρχὴ κακοδαιμονίας.

²) Plut. bei Stob. III S. 157 Mein. τί γὰρ ἄλλο νομίζομεν εἶναι τὴν εὐγένειαν εἰ μὴ παλαιὸν πλοῦτον ἢ καὶ δόξαν παλαιάν. Dio Chrys. Or. XV Bd. I 268 Dind. Wenn Philo auch im Folgenden die Tüchtigkeit der Vorfahren voraussetzt, wird er doch auch dadurch nicht veranlasst, das Problem tiefer zu fassen.

³) Die Idee der Gottesverwandtschaft wird ähnlich verwertet bei Epiktet I 9 und I 3, Boethius III 6 (in dem Gedichte).

Dieser Gedanke drückt sich auch darin aus, dass die Stoa εὐγενής im Gegensatz zum früheren Sprachgebrauche in rein ethischem Sinne gebraucht[1]). Nur die Tugendhaften soll man nach Philo als εὐγενεῖς bezeichnen, κἂν τύχωσιν ἐξ οἰκοτρίβων ἢ ἀργυρωνήτων γεγονότες[2]). Die Schlechten, die von Guten abstammen[3]), dürfen darum keinen Anspruch auf εὐγένεια erheben. Denn wie jeder Schlechte verbannt ist (aus dem wahren Vaterlande der Weisen, der Tugend), so ist er auch unedel, wenn er auch von den besten Eltern und Ahnen stammt. Der Adel ist ihm nicht nur nicht angeboren, sondern der Schlechte ist sein erbittertster Feind, indem er den Ruf seiner Ahnen vernichtet. Wie dem Blinden die Scharfsichtigkeit seiner Ahnen, dem Stotternden ihre Redesicherheit, dem Kranken ihre Kraft nichts nützt, so auch dem Schlechten nichts die Tugend seiner Eltern[4]). Wenn

---

[1]) Diese Identität von εὐγενής als εὖ γεγονὼς πρὸς ἀρετὴν und γενναῖος begründet Dio Chrys. a. O.

[2]) Umgekehrt der Dichter v. 13:
δοῦλον δ᾽ οὐκ ὄκνημι λέγην κακὸν οὐδὲ τρίδουλον
ὃς [προγόν]ως αὐχῇ, κραδία δὲ οἱ ἔνδον ἀγεννής.
Epiktet IV 1, 57. Zum Ausdruck τρίδουλος vgl. Gnomol. Vat. Nr. 195 Philo Q. omn. prob. lib. 2 S. 446 τοῖς δ᾽ ἐκ τριγονίας (so die Hss. und Wilamowitz bei Ausfeld S. 24 statt τριγενείας) στιγματίαις, παιδότριψι καὶ παλαιοδούλοις. παλαιόδουλος auch 21 S. 468. Epikt. IV 1, 7 τῶν τρὶς πεπραμένων. Hor. Sat. II 7, 70 o totiens servus 76.

[3]) 1 S. 438 τοῖς δ᾽ ἐξ ἀγαθῶν πονηροῖς, ebenso 5 S. 441 und am Schluss der Schrift; vgl. den 120. Brief des Phalaris S. 444 H ὁ μὲν ἐκ φαύλων ἀγαθός ... ὁ δ᾽ ἐξ ἀγαθῶν φαῦλος.

[4]) Der folgende Satz ist nach Selden. zu lesen: οὐδὲ (st. οὔτε) γὰρ οἱ νόμοι τοῖς παρανομοῦσιν, ὧν εἰσὶν αὐτοὶ κολασταί, νόμοι δέ τινες [ἂν εἶεν] ἄγραφοι καὶ οἱ βίοι τῶν ζηλωσάντων ἀρετήν.

sie Menschengestalt annähme, würde die εὐγένεια vielmehr solche entartete Sprösslinge für ihre erbittertsten Feinde erklären. Sie müssen ihr verhasster sein als die, denen man unedle Geburt vorwirft. Denn diese dürften sich damit entschuldigen, dass ihr Haus ihnen kein Beispiel der Tüchtigkeit bietet, jene erscheinen um so schuldiger, als sie sich des Glanzes ihres Geschlechtes rühmen. Derselbe Gedanke findet sich in dem die εὐγένεια behandelnden 7. Kap. des Protreptikos Galens: ταύτην γὰρ μόνην ἔχοιμεν ἄν, εἰ δή τίς ἐστιν εὐγενείας χρεία, πρὸς οἰκεῖον παράδειγμα[1]) τὸν ζῆλον ἡμῖν γίγνεσθαι· ὡς εἴ γε κατὰ πολὺ τῆς προγόνων ἀρετῆς ἀπολειπόμεθα... αἰσχύνη δ' ἡμῖν αὐτοῖς τοσῷδε μείζων ὅσῳ καὶ τὸ γένος περιφανέστερον· οἱ μὲν γὰρ παντάπασιν ἄσημοι τῷ γένει κτλ[2]). Zum Beweise, wie wenig die adlige Geburt hilft, führt Philo (3 S. 439) den Frevel des Kain, den Uebermut des Ham gegen seinen Vater, den Sündenfall Adams an, der sich Gottes als Vaters rühmen konnte[2]), und als jüdische Beispiele die Verwerfung der Söhne Abrahams ausser des einen und die Verwerfung Esaus. Weiter wird der Satz erhärtet, dass andere von schlechten Eltern abstammten und trotzdem ein rühmenswertes Leben führten. Dafür wird angeführt die Auswanderung Abrahams, der als Typus der εὐγένεια der Proselyten gilt, aus seiner

---

[1]) Danach ist wohl Philo zu ergänzen: τούτοις μὲν γὰρ ἀπολογία τὸ μηδὲν οἰκεῖον ἔχειν καλοκαγαθίας ⟨παράδειγμα⟩.
[2]) Iuvenal VIII 138 ff. Boethius III 4. Epiktet II 24, 25: selbst die göttliche Abstammung hat Achill nicht vor unwürdigem Verhalten bewahrt, vgl. IV 10, 36.

heidnischen Heimat, Thamar und die Kebsweiber Jakobs und ihre Söhne. — Philo fand schon in seiner Quelle zwei Reihen von Beispielen vor, die er der Tendenz seiner Schrift entsprechend durch jüdische ersetzte. Bei Plut. a. O. finden wir Midas, Sardanapal, Xerxes auf der einen, Aristides, Sokrates, Kynaigeiros auf der andern Seite [1]). Die Schrift schliesst mit einem heftigen Schlusswort gegen die, die den Adel, ein fremdes Gut, sich anmassen [2]). Sie sind Feinde des jüdischen Volkes, weil sie es veranlassen, wahren Adel gering zu achten im Vertrauen auf προγονικὴ ἀρετή, Feinde aller Menschen, weil sie ihre Tugend nicht gelten lassen, wenn ihre Herkunft nicht vorwurfsfrei erscheint [3]).

---

[1]) Hor. Sat. I 6, 9 ff. stellt den vielen zwar ahnenlosen, aber braven Menschen den entarteten Spross der Familie der Laevini gegenüber. So sehr derselbe übrigens die Ueberschätzung des Adels verhöhnt (v. 17), so trennt ihn doch das dum ingenuus v. 8 vom stoischen Standpunkte. Vgl. bei Galen a. O. die Beispiele des Themistokles, Anacharsis (s. Menander fr. inc. 533, 11—13 III S. 157 Kock.)

[2]) Auch Quaest. in Gen. IV 180 sagt Philo, adelig sei nicht, wer von vornehmen Vätern und Grossvätern abstamme, sondern wer der Frömmigkeit der Väter nacheifere; der Wert des Menschen könne nicht in einem fremden, sondern nur im eigenen Gut liegen. Boethius III 6 quae (sc. nobilitas) si ad claritudinem refertur, aliena est ... splendidum te, si tuam non habes, aliena claritudo non efficit. De Abr. 45 S. 38 πλοῦτοι δὲ καὶ εὐγένειαι προσορμίζονται μὲν καὶ τοῖς φαυλοτάτοις· εἰ δὲ καὶ μόνοις σπουδαίοις, ἐγκώμια προγόνων καὶ τύχης, ἀλλ' οὐ τῶν ἐχόντων εἰσίν.

[3]) Vgl. De mon. I 7 S. 219.

IX.

Für die Geschichte der Consolationes ist bisher nicht verwertet die philonische Ausführung De Abr. 44 S. 37. Die Worte der Schrift (Gen. 23, 2. 3), dass Abraham, nachdem er ein wenig (dies Philos Zusatz, vgl. Quaest. in Gen. IV 73) die Sara beklagt, von der Leiche aufgestanden, veranlassen Philo, die philosophische Fassung des Patriarchen mit Farben auszumalen, die er der Litteraturgattung der Trostschriften entlehnt hat. Abraham hat die Trauer überwunden, indem er den λογισμός, den Gegner der πάθη, stärkte und ermutigte. Es ist eine häufige Mahnung der Trostschriften, die Heilung des Schmerzes nicht der Zeit zu überlassen, sondern durch vernünftige Ueberlegung herbeizuführen. Der Gedanke wird vielleicht auch von Krantor ausgesprochen sein [1]), auf dessen Trostschrift als letzte Quelle sicher das Folgende hinweist. Die Mahnungen des λογισμός, denen Abraham folgt, sind folgende: μήτε πλέον [2]) τοῦ μετρίου σφαδάζειν ὡς ἐπὶ καινοτάτῃ καὶ ἀγενήτῳ συμφορᾷ μήτε ἀπαθείᾳ καθάπερ μηδενὸς ὀδυνηροῦ συμβεβηκότος χρῆσθαι, τὸ δὲ μέσον πρὸ τῶν ἄκρων ἑλόμενον μετριοπαθεῖν πειραθῆναι [2]) τῇ μὲν φύσει τὸ οἰκεῖον χρέος ἀπολαβούσῃ μὴ δυσχεραίνοντα, τὸ δὲ συμβεβηκὸς ἡσυχῇ καὶ πράως ἐπελαφρίζοντα. Im Gegensatz zu

---

[1]) Plut. Cons. ad Apoll. 6. 20. Cic. Tusc. III 58. Sen. De rem. fort. 9, 1.
[2]) So die besten Hss. statt πλείω und πειρᾶσθαι.

der strengeren Haltung der meisten stoischen Trostschriften (Cic. Tusc. IV 38 Sen. Dial. XI 18,5) wird hier die Metriopathie, die rechte Mitte zwischen übermässigem Schmerz und Gefühllosigkeit, empfohlen (vgl. Sen. Dial. XI 18, 5. 6 XII 16,1). Das ist der durch Cicero und Plutarch bezeugte Standpunkt des Krantor[1]).

Cic. Tusc. III 71 natura adfert dolorem, cui quidem Crantor, inquiunt, vester cedendum putat; premit enim atque instat nec resisti potest.[2]) II 12 nec absurde Crantor.... minime, inquit, adsentior iis qui istam nescio quam indolentiam magno opere laudant quae nec potest ulla esse nec debet[1]).

Cic. Acad. II 135 sed quaero quando ista fuerint ab Academia vetere decreta, ut animum sapientis commo-

Plut. Cons. ad Apoll. 3 (Fr. 8 Kayser) τὸ· μὲν οὖν ἀλγεῖν καὶ δάκνεσθαι τελευτήσαντος υἱοῦ φυσικὴν ἔχει τὴν ἀρχὴν τῆς λύπης καὶ οὐκ ἐφ' ἡμῖν. οὐ γὰρ ἔγωγε συμφέρομαι τοῖς ὑμνοῦσι τὴν ἄγριον καὶ σκληρὰν ἀπάθειαν ἔξω καὶ τοῦ δυνατοῦ καὶ τοῦ συμφέροντος οὖσαν. ἀφαιρήσεται γὰρ ἡμῶν αὕτη τὴν ἐκ τοῦ φιλεῖσθαι καὶ φιλεῖν εὔνοιαν, ἣν παντὸς μᾶλλον διασῴζειν ἀναγκαῖον. τὸ δὲ πέρα τοῦ μετρίου παρεκφέρεσθαι καὶ συναύξειν τὰ πένθη παρὰ φύσιν εἶναί φημι καὶ ὑπὸ τῆς ἐν

---

[1]) Denn Epikur, der auf demselben Standpunkte steht (Fr. 120), kann für Philo als Quelle nicht in Betracht kommen.

[2]) Philo V. Mos. I 8 S. 87 von der Trauer um Tote τοῖς ἀδουλώτοις πάθεσι τῆς ψυχῆς, ἃ μόνα σχεδὸν ἐξ ἁπάντων ἐλεύθερα ἡ φύσις ἀνῆκε Sen. Dial. VI 7, 1 XII 17, 1.

veri et conturbari negarent. mediocritates illi probabant et in omni permotione naturalem volebant esse quendam modum. legimus omnes Crantoris veteris Academici de luctu.

Tusc. III 71 ne aegrotus sim; sed si fuerim, sensus adsit, sive secetur quid sive avellatur a corpore. nam istud nihil dolere non sine magna mercede contingit, immanitatis in animo, stuporis in corpore.

ἡμῖν φαύλης γίγνεσθαι δόξης (vgl. Kap. 26). διὸ καὶ τοῦτο μὲν ἐατέον ὡς βλαβερὸν καὶ φαῦλον καὶ σπουδαίοις ἀνδράσιν ἥκιστα πρέπον, τὴν δὲ μετριοπάθειαν οὐκ ἀποδοκιμαστέον. μὴ γὰρ νοσοῖμεν, φησὶν ὁ Ἀκαδημαϊκὸς Κράντωρ, νοσήσασι δὲ παρείη τις αἴσθησις, εἴτ' οὖν τέμνοιτό τι τῶν ἡμετέρων εἴτ' ἀποσπῷτο. τὸ γὰρ ἀνώδυνον τοῦτο οὐκ ἄνευ μεγάλων ἐγγίγνεται μισθῶν. τεθηριῶσθαι γὰρ εἰκὸς ἐκεῖ μὲν σῶμα τοιοῦτον, ἐνταῦθα δὲ ψυχήν (vgl. Kap. 4).

Durch Philo gewinnen wir einen neuen Beweis dafür, dass das ganze Kapitel des Plutarch die Gedanken des Krantor wiederholt. Durch ihn wird bestätigt, was schon aus Cic. Acad. zu vermuten war (Zeller II 1 S. 1048), dass Krantor die Metriopathie mit diesem Ausdruck empfohlen habe. Wie bei Philo daran erinnert wird, dass der Verlust nicht als etwas ganz Neues und Unerhörtes (ὡς ἐπὶ καινοτάτῃ καὶ ἀγενήτῳ συμφορᾷ) betrachtet werden darf, so heisst es bei Plutarch nach einem Citate aus Krantor (Fr. 9 Kayser) Kap. 6 S. 104 D: καινὸν ἀτυχεῖν οὐδὲν ἀνθρώπῳ, ἀλλὰ πάντες ταὐτὸ πεπόνθαμεν[1]).

---

[1]) Wyttenbach schreibt auch diese Worte noch Krantor zu.

Der Gedanke, dass das Leben wie alle Güter ein von Gott dem Menschen verliehenes Lehen ist, das mit Recht jeder Zeit wieder eingefordert werden darf, findet sich wie bei Philo so in den Trostschriften häufig ausgesprochen [1]). Auch die Ausführung des Gedankens bei Philo: καθάπερ δὲ οὐδεὶς ἂν ἄχθοιτο τῶν μετρίων ἢ χρέος ἢ παρακαταθήκην ἀποτίνων τῷ προεμένῳ, τὸν αὐτὸν τρόπον οὐδὲ τῆς φύσεως ἀπολαμβανούσης χαλεπαίνειν ᾤετο δεῖν, ἀλλὰ τοῖς ἀναγκαίοις ἀσμενίζειν erinnert an Plut. Kap. 28: οὐ δεῖ οὖν δυσφορεῖν, ἐὰν ἃ ἔχρησαν ἡμῖν πρὸς ὀλίγον, ταῦτ' ἀπαιτῶσιν. οὐδὲ γὰρ οἱ τραπεζῖται, καθάπερ εἰώθαμεν λέγειν πολλάκις, ἀπαιτούμενοι τὰ θέματα δυσχεραίνουσιν ἐπὶ τῇ ἀποδόσει, ἐάνπερ εὐγνωμονῶσι κτλ. [2]) Sen. De rem. fort. 3,4. 3,2 Dial. XI 10. Zu vergleichen ist noch De Cherub. 33 S. 160 (s. auch Quaest. in Gen. III 10), wo Philo mit deutlichem Anklang an das plutarchische Citat (a. O.) aus Euripides (Phoen. 555) ausführt, dass wir die

---

Dass der Schmerz mit vielen oder allen Menschen einem gemeinsam ist, wird als Trostgrund benutzt bei Plut. 9 S. 106 C 32 S. 118 C. Cic. Tusc. III 59 ff. Sen. Dial. XI 1, 4.

[1]) Philo De Abr. a. O. τῇ μὲν φύσει τὸ οἰκεῖον χρέος ἀπολαβούσῃ De Jos. 5 S. 45 τὸ οἰκεῖον ὄφλημα τῆς φύσεως ἀπολαβούσης De vict. offer. 6 S. 256 τὸν μεταξὺ χρόνον γενέσεως καὶ θανάτου παρὰ θεοῦ χρῆσιν λαβών und besonders Quis rer. div. heres 21 S. 487 [Plato] Axiochus S. 367 B Teles S. 11, 1 Plut. a. O. Kap. 10 S. 106 F 28 S. 116. Cic. Tusc. I 93 Hor. A. P. 63 Sen. Dial. VI 10 Epist. 120,18 De rem. fort 2, 1. 10, 7. 10. 13, 3 Buresch Leipz. Stud. IX S. 104 [3] Praechter, Cebetis tabula quanam aetate conscripta esse videatur S. 47. Der philonische Ausdruck χρέος findet sich auch im Axiochus und bei Plut.

[2]) Kynisch ist der denselben Gedanken ausdrückende Vergleich bei Epiktet IV 1, 79 (110).

äusseren Güter[1]) und auch das Leben wie einen fremden (Gottes) Besitz gebrauchen und, wenn wir erkannt haben, dass wir alles nur als Lehen haben, auch nicht vergessen dürfen, dass der Herr das Recht hat, sein Eigentum, wann er will, zurückzufordern. Wenn er besonders hervorhebt, dass wir durch diese Vorstellung den Schmerz über Verluste erleichtern, dass sie eine Quelle reichen Trostes ist, so giebt er zu erkennen, dass es Gedanken der Trostschriften sind, die er wiederholt. — In der Schrift De Abr. wird noch der Trostgrund angeführt, dass durch den Tod die Seele nicht vernichtet, sondern vom Körper getrennt wird und zu ihrer Heimat eingeht. Die Möglichkeit, dass der Tod als Rückkehr der Seele zu einem reineren Dasein kein Uebel, sondern ein Gut ist, wird auch im Anschluss an Plato von Cic. Tusc. I 51. 74 ff.[2]) erwogen. — V. Mos. I 8 S. 87 lässt Philo den Moses sein Volk im Druck der ägyptischen Herrschaft mit dem Gedanken trösten, dass alle menschlichen Dinge beständigem Wechsel unterworfen seien: πάντα γὰρ μεταβάλλειν τὰ ἐν τῷ κόσμῳ πρὸς τἀναντία, νέφωσιν εἰς αἰθρίαν, πνευμάτων βίας εἰς ἀέρα νήνεμον, κλύδωνα θαλάττης εἰς ἡσυχίαν καὶ γαλήνην, τὰ δ' ἀνθρώπεια καὶ μᾶλλον, ὅσῳπερ ἀσταθμητότερα. τούτοις κατεπᾴδων[3]) ὥσπερ ἀγαθὸς

---

[1]) Ueber die Betrachtung der äusseren Güter als Lehen s. Kiessling zu Hor. Sat. II 2, 126 Epist. 2 II 175 und Lucian Nigr. 26, Segaar in Dindorfs Clemens Alex. III S. 534. 542.

[2]) Axiochus S. 365 B Plut. S. 117 F τοῦ τῆς ἐπιδημίας ... χρόνου Sen. Dial. XI 9, 3.

[3]) Ueber den Gebrauch dieses Wortes s. Buresch S. 123.

ἰατρὸς¹)... Auch dieser Gedanke wird in den Trostschriften oft ausgesprochen, bald um das Uebel als notwendiges und unvermeidliches Glied in dem Wechsel der Verhältnisse erkennen zu lassen, bald um eben aus diesem Wechsel die Hoffnung auf eine bessere Zukunft herzuleiten²). Zum Schluss sei noch hingewiesen auf den Gedanken De Jos. 5 S. 45 ὠκύμορος οὐδεὶς ἢ³) πάντες ἄνθρωποι· καὶ γὰρ ὁ μακροβιώτατος ὀλιγοχρονιώτατος ἀντεξεταζόμενος αἰῶνι. Damit vergleiche man ausser dem, was Cic. I 93 und Plut. S. 110 E (117 E) über den ἄωρος θάνατος sagen, Plut. S. 111 C τό τε πολὺ δήπουθεν ἢ μικρὸν οὐδὲν διαφέρειν δοκεῖ πρὸς τὸν ἄπειρον ἀφορῶσιν αἰῶνα κτλ. (107 A) und die Parallele bei Cic. I 94⁴).

X.

Ich fasse zum Schluss kurz die Resultate zusammen, die sich aus der Betrachtung der diatribenartigen Partieen bei Philo⁵) ergeben:

---

¹) Der Text nach den besten Hss. Vgl. auch S. 49.
²) Vgl. z. B. Klitomachus (Buresch S. 59) und Plut. 5, namentlich die Worte καὶ ἐν θαλάττῃ εὐδίαι τε καὶ χειμῶνες, οὕτω καὶ ἐν βίῳ πολλαὶ καὶ ποικίλαι περιστάσεις γιγνόμεναι πρὸς τὰς ἐναντίας περιάγουσι τοὺς ἀνθρώπους τύχας.
³) So die besten Hss., vulg. ὠκύμοροι δ' εἰσὶ πάντες.
⁴) Buresch S. 50 Brinkmann, Quaestionum de dialogis Platoni falso addictis specimen, Bonn 1891 S. 17.
⁵) Nicht berücksichtigt habe ich hier die schon in den Neu entdeckten Fragmenten S. 139 ff. behandelte Lobrede auf den πόνος (De sacr. Abelis et Caini 6—9 S. 168. 169), auch nicht manche

1. An vielen Stellen seiner Schriften hat Philo Gedanken eingeflochten, die mit Vorliebe in populären Traktaten und Vorträgen der Philosophen ausgeführt wurden. Die häufige Wiederholung namentlich der die äussere Lebensführung regelnden Grundsätze, die fast stereotypen Formen, in denen sie wieder und wieder gepredigt werden, die unvermittelte Art, in der diese Episoden oft eingeführt werden, beweist, wie vertraut Philo diese Ideen waren, die ihm jeder Zeit in seinem Gedächtnis bereit lagen, wie wertvoll sie ihm erschienen. Es genügt die philosophische Richtung und die Litteraturgattung, der sie angehören, zu bestimmen. Nach einem bestimmten Namen zu suchen, nach einer Quelle wäre fruchtlos und wohl auch verkehrt.

2. Denn diese Gedanken waren damals mehr oder weniger Gemeingut der Gebildeten. Die sittlichen Ideale, die Philo seiner Zeit predigt, die Art, wie er seine sittlichen Grundsätze auf alle Gebiete des äusseren Lebens anwendet, die düstern Schilderungen, die er von den Sitten seiner Zeit entwirft, zeigten oft bis in den Wortlaut hinein die genaueste Uebereinstimmung mit Musonius, eine Uebereinstimmung, wie sie in dem Maasse Musonius mit keinem der ihm verwandten Schriftsteller aufweist. Die Annahme eines Abhängigkeitsverhältnisses ist völlig ausgeschlossen, die Uebereinstimmung erklärt sich genügend aus der aner-

---

Stellen der Schrift De animalibus, da für sie von anderer Seite eine gründliche Quellenuntersuchung zu erwarten ist. Die Benutzung bionischer Gedanken in der Schrift Q. o. prob. lib. erörtert Hense Rh. M. XLVII S. 219 ff.

kannten Thatsache, dass in der Entwickelung der Diatribe eine Fülle von Gemeinplätzen oft in bestimmten sprachlichen Formen ausgeprägt und in diesen Formen als fester Bestand überliefert wurde wie die Grundgedanken der attischen Panegyrik oder die Hauptthemen der altchristlichen Apologetik. Die Ausprägung dieses Gedankenmaterials, das wir aus Seneca und Musonius, aus Dio Chrysostomus und Epiktet kennen, dürfen wir nun, da Philo als Zeuge hinzukommt, einer beträchtlich früheren Periode zuschreiben. Wir müssen eine längere Entwickelung annehmen, die diesen Gedanken eine Bedeutung und Macht errang und sicherte, die sie zu Philos Zeit bereits besessen haben müssen. Schon im ersten Jahrhundert vor Christus muss es eine umfangreiche populäre Erbauungslitteratur, muss es Prediger und Schriftsteller gegeben haben, die diese Ideen in die Massen trugen. Und dafür fehlt es uns nicht an Spuren. Hor. Sat. II 3 lässt den bankerott gewordenen Damasippus als jungen Adepten der Lehre des Stertinius auftreten, um den stoischen Satz, ὅτι πᾶς ἄφρων μαίνεται, mit den Worten seines Meisters zu erweisen. Die „Manier der stoischen Kapuzinaden" wird travestirt[1]). Und II 7 bringt der Sklave Davus — man erinnert sich jetzt dabei an den Epiktet-Verehrer der pisidischen Inschrift — seine vom Portier des Stoikers Plotius Crispinus frisch bezogene Weisheit an den Mann, indem er dem Dichter den Satz ὅτι μόνος ὁ σοφὸς ἐλεύθερος an seiner Person

---

[1]) Kiessling S. 152.

vordemonstrirt. Und nicht selten schlägt Horaz ganz unvermittelt den Ton des stoischen Predigers an (I 3, 126). Es sind ephemere Grössen, dieser Stertinius und Crispinus — denn gerade auf diesem Gebiete erneuerte sich die Litteratur fortgesetzt, und das Neue brachte das Alte in Vergessenheit —, es sind nur Vertreter einer gewiss weit verbreiteten Gattung; aber sie haben doch litterarische Grössen sein wollen. Von Stertinius sagen die pseudacronischen Scholien (zu Ep. I 12,20): philosophus, qui CCXX libros Stoicorum latine scripsit — eine Nachricht, die nicht ganz erdichtet zu sein braucht. Von Crispini scrinia redet Hor. I 1, 120, was in dem Zusammenhange ebenso wohl auf philosophische Traktate wie auf Dichtungen sich beziehen kann. Und von der Schriftstellerei des langweiligen stoischen Deklamators Fabius (I 1, 14) weiss Porphyrio. Und wenn uns auch Horaz Karrikaturen vorführt, die vielleicht nicht ganz der Wirklichkeit entsprechen[1]), so bezeugt er doch, in wie weite und verschiedene Kreise die Wirkung der philosophischen Predigt und Erbauungslitteratur drang. Und das bezeugen auch indirekt seine Satiren und Episteln, die ein für ethische Kultur interessirtes Publikum voraussetzen. Und neben den Karrikaturen — das Wort ἀρεταλόγος (Meister, Sitzungsber. der Kön. sächs. Ges. d. Wiss. 1891 S. 13 ff.) scheint damals zuerst auf die Philosophen übertragen zu sein — wird es auch würdigere Vertreter der Popularphilosophie gegeben haben.

---

[1]) Kiessling zu I 1, 13.

3. In späterer Zeit dürfen wir als einen Durchschnittstypus dieser Gattung Musonius betrachten. Wenn uns jetzt der Vergleich mit Philo lehrt, in wie hohem Maasse er von der früheren Ueberlieferung der Diatribe abhängig ist und wie sehr er in ausgetretenen Geleisen wandelt, so scheint uns der Ruf, dessen er sich zu seiner Zeit und bei der Nachwelt erfreute, zu seiner wirklichen Bedeutung in keinem rechten Verhältnis zu stehen, auch wenn wir annehmen, dass von der Wirkung der Persönlichkeit in den Aufzeichnungen des Schülers viel verloren gegangen ist[1]). Musonius erscheint uns als Doktrinär und wenig originaler Geist, bei Epiktet vernehmen wir fast in jedem Satze den Schlag eines lebendig fühlenden Herzens. Durchsichtigkeit und Klarheit im Vortrage sind die Vorzüge des einen, Feuer und Leidenschaft die des andern.

4. In den von uns behandelten Ausführungen Philos haben wir eine bis jetzt fast gar nicht benutzte Quelle für die Sittengeschichte seiner Zeit gewonnen. Indem wir aber zugleich erkannt haben, wie die strengen Grundsätze und das Ideal der Stoa das Urteil Philos und der verwandten Schriftsteller bestimmten, wie sich diese strengen, oft rigorosen Grundsätze auch weiteren Kreisen mitteilten und wie die sentimentale Stimmung der Zeit die Durchführung dieser Grundsätze gern als frommen Wunsch aussprach, vor dessen Erfüllung man wohl erschreckt wäre, sind wir in den Stand gesetzt, den ge-

---

[1]) S. den Anhang.

schichtlichen Wert dieser Zeugnisse richtig abzuschätzen. Als Zeugnisse für die Stimmung der Zeit haben sie einen hohen Wert, als Zeugnisse für die sittlichen und gesellschaftlichen Zustände sind sie mit Vorsicht zu benutzen. Fast überall in der Litteratur, wo der Luxus bekämpft wird, hören wir das Pathos der stoischen Predigt durch, und die Deklamationen gegen den Luxus sind meist so allgemein gehalten und so wenig individuell gefärbt, dass sie für die Erkenntniss der wirklichen sittlichen und socialen Zustände nur mit Vorsicht zu benutzen sind. Wer sich vergegenwärtigt, dass diesen Klagen ein Standpunkt der Beurteilung zu Grunde liegt, dem schon als verwerflicher Luxus erscheint, was eine unbefangene Betrachtung als berechtigten Komfort ansieht, wird aus ihnen ebenso wenig ein geschichtliches Bild meinen gewinnen zu können wie aus den Deklamationen Rousseaus ein treues Bild der sittlichen Zustände seiner Zeit. „Die Klagen patriotischer Schriftsteller", denen manche auch nach Friedländers unbefangener Kritik ein zu grosses Gewicht beimessen, sind in der überstrengen stoischen Doktrin noch mehr begründet als in wirklichen Missständen.

5. Als besonders reichhaltige Quelle für die stoische Diatribe hat sich uns die philonische Schrift Περὶ βίου θεωρητικοῦ ergeben. Philo misst hier die sittlichen Verhältnisse seiner Zeit mit stoischem Maassstabe. Wie sie auf allen Gebieten dem stoischen Ideale widersprechen, so erscheint dies Ideal verkörpert in der Gemeinschaft der Therapeuten. Ist es wahrscheinlich, dass ein Schrift-

steller aus dem Beginn des 4. Jahrhunderts, in das die jetzt von den Theologen fast allgemein angenommene Ansicht die Schrift legt, diesen stoischen Standpunkt eingenommen habe[1])? Der reine Stoicismus war damals untergegangen, die herrschende Philosophie der Platonismus. Hatte im 2. Jahrhundert die Stoa einen bedeutenden Einfluss auf die christliche Lehrentwickelung ausgeübt, so war sie jetzt auch in der Kirche abgelöst durch den Platonismus. Und als man das Mönchtum und die mönchische Lebensweise auf eine Theorie und in ein System brachte, da entlehnte man die maassgebenden Grundsätze dem Neuplatonismus und verwertete stoische Ideen nur, soweit sie im Platonismus aufgegangen waren. Die Thatsache, dass die Schrift über die Therapeuten nur in der Blütezeit der stoischen Diatribe, der sie ihre leitenden Gesichtspunkte entlehnt, verständlich ist, dass, wie ich an anderer Stelle zeigen werde, manche Anstösse sich unter dieser Voraussetzung erklären, ist ein wichtiger Grund für ihre Echtheit.

---

[1]) Aus der Nachahmung Philos allein lässt sich der stoische Standpunkt nicht erklären. Denn dazu ist einmal das stoische Kolorit zu streng festgehalten. Ferner bietet die Schrift, wie wir sahen, Gedanken der stoischen Diatribe, die sich sonst bei Philo nicht finden.

ANHANG

MUSONIUS UND CLEMENS ALEXANDRINUS.

Bei Stob. II S. 193 Wachsmuth findet sich eine Abhandlung des Musonius mit dem Titel Λυκίου ἐκ τῶν Μουσωνίου πότερον ἰσχυρότερον ἔθος ἢ λόγος, und derselbe Lucius war citirt im ersten Buche (Elter, De Ioannis Stobaei codice Photiano S. 46). Sicher gehen auf dieselben ἀπομνημονεύματα des Lucius mit Ausnahme einiger kürzerer Sentenzen alle Reste des Musonius zurück [1]). Das beweist die völlige Gleichheit des Stiles, und ich hätte Quaest. Muson. S. 22 gar keine Bedenken dagegen äussern dürfen [2]). Daran darf man sich auch dadurch nicht irre machen lassen, dass Suidas unter Πωλίων eine Schrift ἀπομνημονεύματα Μουσωνίου τοῦ φιλοσόφου erwähnt. Wenn es nicht wahrscheinlich ist, dass zwei Schüler des Musonius seine Vorträge aufgezeichnet haben, wird man

---

[1]) Hense zu Stob. S. 173, 4.
[2]) Vgl. die Ueberlieferung des Teles. Der Excerpter Theodorus wird hier auch nur einmal genannt, obgleich alle Stücke auf ihn zurückgehen.

eher geneigt sein, beide Schriften zu identificiren und anzunehmen, dass entweder Stobaeus ungenau das Pränomen des Pollio erwähnt hat[1]), oder dass, wie die Diatriben des Teles uns durch den Excerptor Theodorus aufbewahrt sind, so die Vorträge des Musonius durch die Hand eines Lucius durchgegangen sind, ehe sie Stobaeus benutzte.

Wichtiger ist es mir, einen andern Irrtum zu berichtigen, in dem andere mir unbesehen gefolgt sind. Ich meinte beweisen zu können, dass Clemens an den mit Musonius bei Stob. übereinstimmenden Stellen nicht aus derselben Quelle wie Stobaeus, sondern aus einer eigenen Schrift des Musonius geschöpft habe. Dass auf die Zeugnisse eines Suidas und Eunapius über eine Schrift des Musonius, die nur auf ungenauer Ausdrucksweise beruhen können, an und für sich nichts zu geben sei, wusste ich; aber ich meinte die schwachen äusseren Zeugnisse durch innere Gründe bekräftigen zu können. Clemens schien mir an manchen der mit Musonius bei Stob. übereinstimmenden Stellen einen ursprünglicheren Wortlaut vorauszusetzen; Lucius hätte dann die Schrift des Musonius wie Clem. benutzt, aber mitunter weniger treu wiedergegeben. Eine nochmalige Erwägung der in Betracht kommenden wichtigsten Stellen hat mich inzwischen eines Besseren belehrt. Wie unverständig

---

[1]) So Wyttenbach bei Peerlkamp S. 38. Die Stelle des Plin. VII 31, wo jetzt nach den besten Hss. Anni Bassi statt Musonii Bassi gelesen wird, kommt überhaupt nicht in Betracht.

Clemens mitunter den Musonius benutzt, kann folgende Stelle lehren:

Clemens II 115 S. 239 P	Mus. bei Stob. S. 173, 14 H
δεῖ δὲ τὴν σκέπην, οἶμαι, αὐτὸ αὑτῆς[1]) κρεῖττον ἀποφαίνειν τὸ σκεπόμενον, ὡς τὸ ἄγαλμα τοῦ νεὼ καὶ τὴν ψυχὴν τοῦ σώματος καὶ τῆς ἐσθῆτος τὸ σῶμα.	δεῖ γὰρ τὴν σκέπην αὐτῆς κρεῖττον ἀποφαίνειν τὸ σκεπόμενον καὶ ἰσχυρότερον, ἀλλ' οὐκ ἀσθενέστερόν τε καὶ χεῖρον.

Man mag anerkennen, dass bei Clemens der nicht sehr passende Vergleich der Stärke und Schwäche des Menschen mit der des Kleides (diese kommt hier nicht in Betracht, sondern die Pracht) fehlt. Aber darum hat Clemens noch nicht eine andere Quelle benutzt, sondern seine Quelle nur umgestaltet. Denn das folgende ὡς τὸ — σῶμα ist sicher eigener Zusatz, da es aus der Konstruktion fällt. Es müsste heissen ὡς τὸν νεὼν τὸ ἄγαλμα (sc. δεῖ ἑαυτοῦ κρεῖττον ἀποφαίνειν) etc. Der sich anschliessende Gedanke, dass der Leib mancher Frau beim Verkaufe nicht den zehnten Teil einbringen würde wie ihr Kleid, kann sehr wohl aus Musonius stammen, ist dann aber von Clemens aus einer andern Stelle der ἀπομνημονεύματα entlehnt und mit der uns erhaltenen kontaminirt.

Clem. II 120 S. 243 P	Mus. a. O. S. 175, 18
πόσῳ μὲν γὰρ εὐκλεέστερον τοῦ πολυτελῶς οἰκεῖν τὸ πολ-	πόσῳ μὲν εὐκλεέστερον τοῦ πολυτελῶς οἰκεῖν τὸ πολλοὺς

---

[1]) αὑτοῦ die Hs. αὑτῆς Potter aus Stob. Ich habe beide Stellen früher falsch behandelt, wie Hense mit Recht hervorhebt.

λοὺς εὐεργετεῖν; πόσῳ δὲ συνετώτερον τοῦ εἰς λίθους καὶ χρυσίον τὸ εἰς ἀνθρώπους ἀναλίσκειν; πόσῳ δὲ ὠφελιμώτερον τῶν ἀψύχων κοσμίων τὸ φίλους κεκτῆσθαι κοσμίους; τίνα δὲ ἂν ἀγροὶ τοσοῦτον ὅσον τὸ χαρίζεσθαι ὠφελήσειαν;	εὐεργετεῖν; πόσῳ δὲ καλοκαγαθικώτερον τοῦ ἀναλίσκειν εἰς ξύλα καὶ λίθους τὸ εἰς ἀνθρώπους ἀναλίσκειν; πόσῳ δὲ ὠφελιμώτερον τοῦ περιβεβλῆσθαι μεγάλην οἰκίαν τὸ κεκτῆσθαι φίλους πολλούς; ... τί δ' ἂν ὄναιτό τις τηλικοῦτον ἀπ' οἰκίας μεγέθους τε καὶ κάλλους, ἡλίκον ἀπὸ τοῦ χαρίζεσθαι πόλει καὶ πολίταις ἐκ τῶν ἑαυτοῦ;

Den ersten Satz hat Clemens allein treu wiedergegeben, dann von Glied zu Glied willkürlicher geändert, im dritten, ein Wortspiel hineinbringend, den Parallelismus und die Paronomasie zerstört, im vierten die Häuserpracht durch reichen Grundbesitz, der nicht in den Zusammenhang passt, ersetzt. Also ist auch im zweiten Gliede, wie sicher χρυσίον statt ξύλα, so auch συνετώτερον willkürliche Aenderung, und ich durfte nicht sagen (S. 28): hoc melius quam quod discipulus Mus. praebet.

Ebenso unsicher oder unwahrscheinlich sind aber auch die anderen früher von mir beigebrachten Gründe für die Abhängigkeit des Clemens von einer Schrift des Musonius. Die Anordnung von Clem. II 15 S. 173 P erscheint, mit Stob. S. 504,8 H verglichen, nicht glücklich. Bei Stob. S. 524 ist nach der ganzen Anlage neben der Definition von γαστριμαργία und ὀψοφαγία kein Platz für die von Clem. II 12 S. 172 eingeschobene Etymologie der λαιμαργία. Stob. S. 528 scheint der Zusatz bei Clem. II 5 S. 166 ganz passend, dass die, welche einfache Nahrung geniessen, auch klüger sind, wie die Philosophen klüger als die Reichen. Aber das Folgende und die Ausführung bei Stob. 505 konnte Clemens zu diesem Zusatze veranlassen[1]). Auch in den andern Parallelen des Clem. ist der Text zum Teil willkürlich geändert, eine bessere Vorlage des Clemens nirgends zu erschliessen[2]).

Damit scheint mir meine Vermutung widerlegt, die auch darum unwahrscheinlich ist, weil der Verfasser der ἀπομνημονεύματα, wenn die eigenen λόγοι des Musonius existirten, keinen Anlass zu seinen Aufzeichnungen hatte, in denen er zum grössten Teil unter der Fiktion, die von ihm gehörten Vorträge wiederzugeben, den Musonius ausgeschrieben hätte. Clemens und überhaupt die von Musonius abhängigen Schriftsteller benutzen also alle ein Werk, die durch einen Schüler überlieferten Vorträge des Musonius. Nur die Aussprüche des 'Ροῦφος bei Epiktet beruhen auf mündlicher Kunde. Auch die kurzen Sentenzen des Musonius bei Stobaeus scheinen auf jenes Werk zurückzugehen, wenn sie wohl auch

---

[1]) Damit nehme ich meine Bemerkungen Quaest. Muson. S. 24. 25. 27 zurück.

[2]) S. die von Hense zu S. 174, 15. 286, 13. 287, 5. 12. 289, 10. 291, 3. 505, 8. 14. 524, 8. 10. 527, 1. 9 angeführten Stellen und meine Quaest. Muson S. 24. Bei Stob. III S. 148, 14 Mein. ist freilich εὐκόλως aus Clem. II 38 S. 190 einzusetzen. Aber hier ist der Fehler eines Schreibers, nicht eines Excerptors anzunehmen.

durch einen andern als Stob. ihre prägnante Form erhalten haben[1]).

Von dieser Berichtigung bleibt übrigens das Hauptresultat meiner Untersuchung im wesentlichen unberührt. Wenn Clemens auch keine Schrift des Musonius benutzt hat, so hat er doch das von Stobaeus excerpirte Werk in seinem ganzen Umfange gelesen, hat Vorträge oder Teile von Vorträgen in seine Schrift herübergenommen, die Stobaeus verschmäht hat. Diese Erkenntniss scheint mir gerade durch die vorliegende Arbeit bestätigt und ergänzt. Denn wenn wir viele Berührungen des Clemens mit der Diatribe nachweisen konnten[2]), für die genaue Parallelen des Musonius fehlen, so wird es immer das Wahrscheinlichste sein, diese Stellen des Clemens auf Musonius zurückzuführen, auch auf die Gefahr hin, an der einen oder andern Stelle zu irren.

---

[1]) Das machen die von mir Quaest. Muson S. 33 Anm. 64, 17 (oben S. 13[2]) angeführten Parallelen aus Clem. wahrscheinlich. Daraus wäre auf einen recht bedeutenden Umfang der ἀπομνημονεύματα zu schliessen.

[2]) Vgl. namentlich S. 11[1]. 13[2]. 16[1]. 20. 21. 24. 25. 27. 28. 29[2]. 31[2]. 33. 37[1].

REGISTER.

ἀγῶνες, ἱεροί S. 43.
Adel S. 51 ff.
Apophthegmen und Gnomen S. 9². 10¹. 11². 14². 25¹. 26². 27⁴. 28. 29³. 34². 42. 43¹. ² 44⁴. 29².
Aristipp S. 47².
Aristoteles S. 44. 46. 49¹. 52¹.
Athleten S. 22. 43.
Aurelius, M. Antoninus S. 40².
Axiochus S. 59¹.

Boethius S. 52³. 54². 55².

Cicero S. 6. 23². 56 ff.
Clemens, Alexandrinus, s. besonders S. 68 ff. und die S. 73² gesammelten Stellen.

Demosthenes S. 41.
Diatribe, ihre Geschichte S. 3 ff. 63 ff., ihr Stil S. 40². 47³.
Dichtercitate in der Diatribe S. 24¹. 28.
Dio, Chrysostomus S. 17³. 30¹. 36. 51 ff.
[Diogenes], Briefe S. 16³. 17². 26². 27⁴. 28¹. 29¹. 34³. 39⁴. 40².

Dioskurides, Ueber Sitten bei Homer S. 7.10³.

ἐκφράσεις S. 23.
Epiktet S. 34. 36. 37¹. 39. 40². 44. 45. 47. 52³. 53². 54². 59², verbessert S. 31 D I 19, 29, S. 45 I 6,23.
Epikur S. 9². 12⁵. 46. 57¹.
Euripides S. 11⁴. 59.

Feste S. 41.

Galen, Protreptikos S. 13¹. 20³. 24². 43⁴. 51 ff.

Haartracht S. 33. 34².
Heraklit S. 13. 14., Briefe S. 28. 39 ff.
[Hippokrates], Briefe S. 19³. 39⁴. 42¹. 45³.
Horatius S. 13⁵. 24³. 30¹. 37. 45³. 53². 55¹. 59¹. 60¹. 63. 64.

Inschrift, pisidische S. 52. 53². 63.
Iuvenal S. 52. 54².

Kleanthes S. 49².
Klitomachus S. 61¹.
Krantor S. 56 ff.
Kränze S. 31.
[Krates], Briefe S. 39⁴.
Kyniker, ihre Lebensweise S. 12⁴ ⁵. 27⁴. 46, Ansicht über die Ehe 34³, Beruf des kynischen Philosophen S. 39¹, ihre Apophthegmen S. 5².

Laertius, Diogenes, verbessert VI 73 S. 39⁵.
Lucian S. 10³. 13². 15¹. 17³. 27⁴. 30¹. 31². 37¹. 42. 60¹.
Lykon S. 22¹.

Menander S. 55¹.
Musik S. 44.
Musonius S. 6¹. 11 ff. 17 ff. 20. 26 ff. 35 ff. 40². 45³. 50², verbessert Stob. S. 752,5 H S. 12. Urteil über ihn S. 65. Ueberlieferung seiner Vorträge S. 68 ff.
Mysterien S. 42.

Paradoxa, stoische, S. 49 ff.
Persius S. 43².
Philo, verbessert S. 18 De ebr. 52, S. 16 De mut. nom. 43, S. 9¹ De somn. I 16, S. 39² De somn. I 20, S. 19 25. 26. 27¹. 30. 31 De somn. II 7 ff., S. 56 De Abr. 44, S. 60 V. Mos. I 8, S. 35². 36 De leg. spec. 2 S. 301, S. 36¹ De creat. princ. 11, S. 37 De caritate 17, S. 9 De praem. et poen. 17, S. 51³. 53⁴. 54¹ De nobil., S. 16¹ D. V. C. 4, S. 22¹ ² D. V. C. 5, S. 33 D. V. C. 7, S. 27² D. V. C. 9. Die Schrift über den Adel S. 51 ff., Echtheit der Schrift D. V. C. S. 66. 67.
Plato S. 33. 37¹. 60.
Plutarch S. 52². 56 ff.
Porphyrius S. 45³, verbessert De abst. I 54 S. 10¹.

Salben S. 29. 34².
Seneca S. 5¹. 6¹. 12². 23². 32¹. 35. 37¹. 40². 47². 52. 56 ff.
Sittenpredigt, stoische S. 66.
Sklaven S. 32.

Teles S. 12⁵. 27⁴. 50². 59¹.
Theater S. 44.
θίασοι S. 43.
Trostschriften S. 56 ff.

Xenophon S. 8³. 11. 14¹. 33.

Zeno S. 47². 49².

ZWEI KULTINSCHRIFTEN AUS KLEINASIEN

VON

O. KERN.

I.

DIONYSOS IN MAGNESIA.

Von der Verehrung des Dionysos in Magnesia am Maiandros wussten wir lange Zeit nur durch die Münzen, bis kurz vor dem Beginn der deutschen Ausgrabungen eine Inschrift ans Licht trat, die mit vollem Recht Aufsehen gemacht hat, das delphische Orakel über die Einführung des Dionysoskults in Magnesia[1]). Bei unseren Ausgrabungen ist kein neuer Stein gefunden worden, welcher den magnetischen Dionysos unserem Verständnis näher bringt. Der Inschriften, die ich hier zu seiner Erklärung beibringe, sind nicht viele, und sie sind sämtlich bereits veröffentlicht worden. Wenn ich es trotzdem wage, eine neue Bearbeitung der Urkunde dem Urteile meines Lehrers zu unterbreiten, so geschieht es in der Ueberzeugung, dass weder E. Maass[2]) noch S. Reinach[3]) den wichtigen Gegenstand erschöpft haben, und dass nament-

---

[1]) Zuerst veröffentlicht von Kondoleon Athen. Mittheil. XV (1890) S. 330.
[2]) Hermes XXVI (1891) S. 178.
[3]) Revue des études grecques III (1890) S. 349.

lich der Erstere in seiner Erklärung einen Weg beschritten hat, welcher mir wenigstens vom Ziele abzuführen scheint.

Die Inschrift steht jetzt in der Vorhalle des Tschinili-Kiosk zu Konstantinopel, wohin sie bereits vor 1891 durch den dermaligen Conservator der Altertümer der Provinz Aidin, Demosthenes Baltazzi gebracht worden ist. Eine völlig zuverlässige Publikation giebt es noch nicht. Für die Form der Buchstaben genügt freilich die Revue des études grecques III (1890) veröffentlichte Heliogravüre Dujardin. Den revidierten Text gebe ich nach einem Abklatsch, den ich der Freundlichkeit von Alfred Koerte verdanke.

    Ἀγαθῇ τύχῃ.
 Ἐπὶ πρυτάνεως Ἀκροδήμου τοῦ Διοτείμου ὁ δῆμος ὁ Μαγνήτων ἐπερωτᾷ τὸν θεὸν περὶ τοῦ σημείου τοῦ
5 γεγονότος ὅτι πλατάνου κατὰ τὴν
 πόλιν κλασθείσης ὑπὸ ἀνέμου εὑρέθη ἐν αὐτῇ ἀφείδρυμα Διονύσου,
 τί αὐτῷ σημαίνει ἢ τί ἂν ποιήσας
 ἀδεῶς διατελοίη· δι' ὅν [1]) θεοπρόποι
10 ἐπέμφθησαν ἰς Δελφοὺς Ἑρμῶναξ [2])
 Ἐπικράτους ⊢ Ἀρίσταρχος Διοδώρου.

---

[1]) διατελοῖ ἥδιον alle drei Herausgeber, von denen nur S. Reinach S. 352 diese merkwürdige, wie mir scheint, unmögliche Construction zu erklären versucht. δι' ὅν bezieht sich auf den Inhalt des σημεῖον, den jungen Dionysos. Oder δι' ὅ⟨ν⟩?

[2]) so richtig der Stein; Ἑρμῶνας vulgo.

Θεὸς ἔχρησεν·

Μαιάνδροιο λαχόντες ἐφ' ὕδασιν
ἱερὸν ἄστυ ⊢ Μάγνητες κτεάνοις
ἐπαμύντορες ἡμετέροισιν,
ἤλθετε πευσόμενοι στομάτων ἀπ' ἐ-
μεῖο, τίς ὑμεῖν ⊢ μῦθος, ἐπεὶ Βάκ-
χος θάμνῳ ἔνι κείμενος ὤφθη.
ἐξεφάνη δὲ ἔτι ¹) κοῦρος, ἐπεὶ πτολί-²)
αἰθρα τιθέντες ⊢ νηοὺς οὐκ ᾠκίσ-
σατ' ἐϋτμήτους ³) Διονύσου. ⊢ ἀλλὰ
καὶ ὣς, ὦ δῆμε μεγάσθενες, ἵδρυε
νηοὺς ⊢ θυρσοχαροῦς· ἱερῇα τίθει
δὲ εὐάρτιον ⁴) ἁγνόν· ⊢ ἔλθετε δὲ
ἐς Θήβης ἱερὸν πέδον, ὄφρα λάβητε
Μαινάδας, αἳ γενεῆς Εἰνοῦς ἄπο Κα-
δμηείης· ⊢ αἳ δ' ὑμεῖν δώσουσι καὶ
ὄργια καὶ νόμιμα ἐσθλὰ ⁵) ⊢ καὶ θιά-
σους Βάχχοιο καθειδρύσουσιν
ἐν ἄστει. ⊢ Κατὰ τὸν χρησμὸν διὰ
τῶν θεοπρόπων ἐδόθησαν ἐκ Θηβῶν
Μαινάδες τρεῖς ⊢ Κοσκὼ ⊢ Βαυβὼ

---

¹) so der Stein; vgl. Maass.
²) I am Schluss deutlich (trotz Reinach S. 350).
³) ΕΥΤΜΗΤΟΥ͞ΔΙΟΝΥΣΩ
⁴) εὐάρτιον der Stein; εὐάντιον vermutet Kaibel bei Maass.
⁵) ἐσθλά deutlich der Stein; so war schon in den Athen. Mitth.
a. a. O. richtig vermutet worden; trotzdem schlug Kaibel bei Maass
S. 183 ἱρὰ vor, und S. Reinach S. 351 [ἄλ]λα.

Θετταλή — καὶ ἡ μὲν Κοσκὼ συνήγαγεν
θίασον τὸν Πλατανιστηνῶν,
ἡ δὲ Βαυβὼ τὸν πρὸ πόλεως, ἡ δὲ
Θετταλὴ τὸν τῶν Καταιβατῶν¹)·
θανοῦσαι δὲ αὗται ἐτάφησαν
ὑπὸ Μαγνήτων, καὶ ἡ μὲν Κοσκὼ
κεῖται ἐν Κοσκωβούνῳ, ἡ δὲ Βαυβὼ ἐν Ταβάρνει, ἡ δὲ Θετταλὴ
πρὸς τῷ θεάτρῳ.

Diese Inschrift steht auf einer 1,40 m hohen und 0,57 m breiten Marmorplatte, welche unten in einen (in der Höhenangabe enthaltenen) Zapfen endet. Oben sieht man die Spuren eines Dübels, welcher den Stein an die Wand oder an einen Pfeiler befestigte. Zusammen mit dieser Platte wurde eine Basis gefunden, auf deren Oberfläche sich ein viereckiges, 0,14 m breites, 0,27 langes und 0,065 tiefes Einsatzloch befindet, und deren Inschrift in zuverlässiger Weise erst durch F. Hiller von Gaertringen Athen. Mitth. XVI (1891) S. 248 veröffentlicht worden ist. Die Basis, welche sowohl Kondoleon²) wie S. Reinach a. a. O. für zerstört hielten, steht noch heute unversehrt in Magnesia in der Thalmulde südöstlich vom Theater nicht weit von den Tscherkessenhütten des Dorfes Tekké. Im Frühling 1891 ist sie dort von uns wieder aufgefunden worden. Jedoch ist dieser Aufbewahrungs-

---

¹) so der Stein.
²) Athen. Mitth. XV (1890) S. 330.

ort nicht als Fundort der beiden Inschriften zu betrachten. Es wurde uns vielmehr mit aller Bestimmtheit versichert, dass die Basis dorthin erst neuerdings verschleppt worden ist; und von verschiedenen Seiten ist mir mitgeteilt worden, dass beide Steine im westlichen Teile der Stadt nicht weit von jenem grossen römischen Gebäude gefunden seien, welches dem Besucher von Magnesia heute zuerst in die Augen fällt, und dessen malerische Ruinen Niemand vergisst, der es von den Höhen der Stadtmauer aus einmal im Abendglanz gesehen hat. Früher nannte man dies Gebäude in herkömmlicher Weise Gymnasium. Vielleicht mit grösserem Recht sieht Carl Humann in ihm ein römisches Kastell, und dieser Bezeichnung werde auch ich mich fortan bedienen.

Die Inschrift der Basis lautet:

Θεῷ Διονύσῳ
Ἀπολλώνιος Μοκόλλης
ἀρχαῖος μύστης ἀρχαῖον
χρησμὸν ἐ[πὶ] στήλης ἀνα-
5 γράψας σὺν τῷ βωμῷ [ἀν]έθ[η-]
κεν.

Beide Inschriften sind von derselben Hand eingehauen; ihrem Schriftcharakter nach muss man sie in Hadrianische Zeit setzen. Sie bilden zusammen eine Einheit. Der ἀρχαῖος μύστης Apollonios Mokolles weiht den auf der grossen Marmorplatte (ἐπὶ στήλης) eingehauenen ἀρχαῖος χρησμός dem Gott Dionysos zusammen mit dem βωμός, der Basis, welche eben die Weihinschrift trägt. Es ist schwer zu sagen, was unter einem ἀρχαῖος μύστης zu verstehen ist. Die Analogieen eines ἀρχιμύστης, des πρωτομύστης auf der Inschrift von Andania (Dittenberger Sylloge nr. 388, A. Dieterich de hymnis Orphicis p. 12) und der smyrnaeischen πατρομύσται (C. I. G. II 3173, Maass Orpheus S. 21,8) passen sämtlich nicht ganz; zudem wird man den ἀρχαῖος μύστης nicht von dem ἀρχαῖος χρησμός trennen wollen. Wie der Orakelspruch aus alter Zeit stammen soll, so muss auch der Myste, der ihn aufgeschrieben hat, die Bezeichnung eines ἀρχαῖος vor sich hertragen. Anderes wird man in der That nicht sagen können.

Dionysosmysterien in Magnesia sind uns nicht mehr unbekannt, seit die im Bulletin de corr. hell. XII (1888) p. 211 kurz notierte Inschrift von F. v. Hiller ebenda XVII (1893) p. 31 herausgegeben worden ist[1]). Wir lernen von Mysterienbeamten einen ἀρχιμύστης (Z. 2), einen ἄππας Διονύσου (Z. 9), einen Hierophanten (Z. 10), eine Priesterin, die zugleich Stephanephoros ist (Z. 9), eine ὑπότροφος Namens Ἐλπίς (Z. 10) und einen zweiten ἄππας kennen (Z. 11). Ueber den Inhalt der Mysterien erfahren wir nichts aus der Urkunde, welche die den Mysten vermachten Geldbeträge aufzählt, und unter dem ἱερὸς οἶκος τῶν ἐν Κλίδωνι, welchem die Summen hinterlassen sind, können wir uns zunächst nicht viel vor-

---

[1]) Vgl. Cousin und Deschamps im Bulletin XVIII (1894) p. 13 Nr. 13.

stellen. Aber wichtig ist doch eben die Thatsache, dass es in Magnesia einen mystischen Dionysoskult gab, und für den, welcher Magnesia kennt und auf dem weiten Terrain der Stadt auch hier gerne den Spuren alter Gottesdienste nachgeht, wird es von Wert sein zu erfahren, dass diese Mysteninschrift auf einer Quader steht, die ein paar Schritte westlich von jenem römischen Kastell auf dem Felde an einer Stelle liegt, welche durch die dort befindlichen Trümmer deutlich anzeigt, dass hier ehemals ein antikes Gebäude stand. Trügt nicht Alles, so stand hier das Dionysosheiligtum, von dessen Gründung das delphische Orakel auf der Marmorstele erzählt, so stand hier auch einst die Platane, in deren Zweigen Dionysos den Magneten zuerst erschienen ist.

Von seiner Epiphanie erzählt der alte Orakelspruch auf der Marmorstele. Es ist wieder die rührige Priesterschaft von Delphoi, welche für die Verehrung des Dionysos bemüht ist und für seine heiligen Weihen zu wirken sucht. Delphoi und Dionysos sind mit einander eng verbunden. So braucht man nicht an Magnesias besondere Beziehungen zu Delphoi zu erinnern, um dieses Eintreten des pythischen Gottes begreiflich zu finden. Aber dass es ein mystischer Kult ist, welchem das Wort des Gottes gilt, bedarf der Beachtung. Denn wir wissen auch sonst, dass es oft mystische Gottesdienste sind, zu denen der delphische Apollon als ihr Patron in Beziehung tritt. Berühmt ist Apolls Orakelspruch, der am Beginn des peloponnesischen Krieges die Erstlinge des Feldes für die Götter von Eleusis einfordert, und der durch das Demeter Chloe-Orakel aus Athen¹) eine neue Bestätigung erhalten hat. Und nur so erklärt sich der Dionysos der attischen Mysterienvasen. Es ist nicht Jakchos, der auf der schönen Hydria von Santa Maria di Capua²) der Mutter von Eleusis gegenübersitzt, sondern es ist der delphische Dionysos, der auf dem Omphalos sitzt, auf seinem eigenen Grabe, wenn wir Tatian Glauben schenken dürften³). Wir werden nicht das Recht haben, in der Darstellung des Omphalos inmitten der eleusinischen Gottheiten etwas Anderes zu suchen als einen Höflichkeitsbeweis gegen Delphoi und werden uns namentlich davor hüten müssen, ihm im Telesterion von Eleusis eine Stätte zu gewähren. Die Vasen sowohl wie der Pinax der Ninnion, in dessen Mitte der Omphalos dargestellt ist, können sehr wohl aus derselben Zeit stammen, in welcher Isokrates die Worte schrieb: αἱ μὲν γὰρ πλεῖσται τῶν πόλεων ὑπόμνημα τῆς παλαιᾶς εὐεργεσίας ἀπαρχὰς τοῦ σίτου καθ' ἕκαστον τὸν ἐνιαυτὸν ὡς ἡμᾶς ἀποπέμπουσι, ταῖς δ' ἐκλειπούσαις πολλάκις ἡ Πυθία προςέταξεν

---

¹) Athen. Mittheil. XVIII (1893) S. 192.
²) Zuletzt veröffentlicht Collection Tyszkiewicz pl. IX. X; ebenso auf einer noch unveröffentlichten Hydria der Sammlung der archaeologischen Gesellschaft in Athen; vgl. auch den Pinax der Ninnion, von dem ich bisher nur die flüchtige Abbildung in der athenischen Zeitung Τὸ Ἄστυ 1895 nr. 1607 kenne. Ebenso zu erklären ist auch der Dreifuss, an dem Dionysos auf der Kumanischen Reliefvase (Compte Rendu 1862 T. III) lehnt.
³) Rohde Psyche S. 124.

ἀποφέρειν τὰ μέρη τῶν καρπῶν καὶ ποιεῖν πρὸς τὴν πόλιν τὴν ἡμετέραν τὰ πάτρια.

Es ist also nichts Auffallendes, wenn die Magneten am Maiandros ihren mystischen Dionysosdienst durch die Vermittelung von Delphoi erhalten. Aber das Orakel, wleches die magnetischen θεοπρόποι unter dem Prytanen Akrodemos von Delphoi in ihre Heimat zurückbringen, motiviert die Gunst, die den Magneten durch Delphoi zu Teil wird, als einen Dank für die dem Tempel geleistete Hilfe während eines feindlichen Angriffs: Μάγνητες κτεάνοις ἐπαμύντορες ἡμετέροισιν. Wilamowitz (Hermes XXX S. 180) bezieht dies auf den phokischen Krieg, in welchem Magnesia vermutlich wie andere Staaten mit Geld dem Apollon zu Hilfe gekommen sei. Aber dass es Barbaren waren, gegen welche die Magneten das Heiligtum des delphischen Apollon in einer siegreichen Schlacht verteidigten, lehrt das in Magnesia gefundene, um 200 v. Chr. gegebene Psephisma der Epidamnier (Archäolog. Anzeiger 1894 S. 83), das die Hilfe der Magneten erwähnt, welche sie den Delphern gegen räuberische Barbareneinfälle geleistet haben: τὰν γεγενημέν[α]ν βοάθειαν ὑπὸ τ[ῶ]ν π[ρογόνων α]ὐτῶν [εἰ]ς τὸ ἱερὸν τὸ ἐν Δελ[φοῖς] νι[κ]ασάντων μάχαι τοὺς βαρ[β]άρους το[ὺς] ἐπι[στρατεύσα]ντας ἐπὶ διαρπαγᾶι τῶ[ν το]ῦ [θ]εοῦ χρημάτων. In der Literatur ist, soviel ich weiss, kein Anhalt zu finden um dies Eingreifen der Magneten chronologisch zu fixieren. Es scheint mir aber doch das nächst liegende zu sein an den grossen Galliereinfall des Jahres 279/8 zu denken.

In einer vom Sturm zerborstenen Platane haben die
Magneten das Abbild[1]) eines jugendlichen Dionysos gefunden, das ihnen die Veranlassung giebt nach Delphoi
zu schicken. Der Gott ist ihnen erschienen, weil seiner
bei der Gründung der Stadt ganz vergessen ist; er hat
damals keinen ἐΰτμητος ναός erhalten. So offenbart er
sich in dem Stamme einer Platane. Die Erscheinung
des Gottes in dem ausgehöhlten Baumstamme entspricht
durchaus der Vorstellung, welche wir uns von den An-
fängen nicht nur des Dionysoskultes, sondern überhaupt
jedes griechischen Bilderdienstes zu machen berechtigt
sind. Sie erinnert uns an die Zeit, da es noch keine
Tempel auf Erden gab, da der Mensch seinem Gotte
opferte und zu ihm betete in den Hainen und auf den
Feldern. Der Fromme verfertigte sich, so gut er es
konnte, aus Holz oder Stein das Bild seines Gottes.
Um es vor den Einflüssen der Witterung zu schützen,
stellt er es in eine Höhle oder, wo es die nicht gab, in
einen ausgehöhlten Baumstamm. So ist der älteste
Tempel ein ausgehöhlter Baumstamm, wie das schon
Plinius hist. nat. XII 1 ausgesprochen und wie, an eine
Bemerkung Jakob Grimm's anknüpfend jetzt O. Schrader[2])
überzeugend dargelegt hat, dass wir für den Stamm des
Wortes νηός (νᾱϜ-ό—) eine ursprüngliche Bedeutung als
Baumstamm ansetzen dürfen, eine Ansicht, die durch

---

[1]) ἀφείδρυμα vgl. Dittenberger Syll. nr. 356 ἀφίδρυμα τοῦ τε
Ἀσκληπιοῦ καὶ τῆς Ὑγιείας.

[2]) Sprachvergleichung und Urgeschichte 2te Aufl. S. 402.

das von demselben Stamm abgeleitete Wort ναῦς durchaus bestätigt wird; denn ein ausgehöhlter Baumstamm stellte zugleich auch das älteste Boot dar. Darin liegt nicht zum mindesten die Bedeutung dieser magnetischen Urkunde, dass sie uns mit klaren Worten sagt, was wir lange nur vermuten konnten, und dass sie uns lehrt, wie fest die Erinnerung an gottesdienstliche Einrichtung im Gedächtnis wurzelt, wie sich der späte Orakeldichter hütet in diesen Dingen einen Anachronismus zu begehen.

Dionysos ist der Beschützer der Baumzucht, und als solchen lehren ihn uns Epikleseis wie δενδρίτης (Plutarch quaest. conv. V 3, 1 p. 675 F.) und δενδρεύς (Studemund anecdota varia graeca et latina I 268) verstehen. Aber der Kultname ἔνδενδρος, welchen wir in Boiotien finden (Hesych s. ἔνδενδρος vgl. Paus. II 2,7; IX 12,4) drückt deutlich dasselbe Verhältnis des Gottes zum Baume aus, wie es uns die magnetische Inschrift zeigt: Dionysos wohnt in dem Baume wie Zeus, der denselben Beinamen bei den Rhodiern führte (Hesych s. v.) und wie Helena Dendritis, deren Kultlegende (Pausanias III 19,10; auch hier Rhodos) nur diese Deutung zulässt[1]). Ein ähnliches Epitheton ist das der Artemis Kedreatis in dem arkadischen Orchomenos (Paus. VIII 13, 3), während die sonst von Overbeck (Ber. der sächs. Gesellschaft der Wiss. 1864, 131) aufgezählten Kulte wie der des Asklepios Agnites, der Artemis Karyatis u. s. w. schwerlich hierher gehören, am wahrscheinlichsten

---

[1]) Hieher gehört auch der lesbische und samische Dionysos ἐνόρχης, wenn Maass a. a. O. S. 187,3 Recht hat.

noch der des Dionysos Sykites (vgl. Sam Wide Lakonische Kulte S. 167). Nichts aber spricht vielleicht deutlicher und unmittelbarer zu uns als die folgende elsässische Sage [1]): *Ein Ritter jagte einst im Walde bei Plobsheim. Da sah er plötzlich zwei wilde Tauben, welche zuerst einige Male im Kreise über seinem Haupte hinflogen, sodann ihren Flug in einer gewissen Richtung hin fortsetzten. Blieb er stehn, so kamen sie zurück und flogen, wie anfangs, um ihn herum; ging er weiter, so verfolgten sie dieselbe Richtung, die sie schon früher genommen. Da sie dies nun mehrere Male wiederholt hatten, so war es dem jagenden Ritter auffallend. Er folgte ihnen eine Zeitlang durch das Gebüsche und sah, dass sie sich endlich auf einer grossen Eiche niederliessen. Als er näher hinzutrat, erblickte er im hohlen Stamme derselben ein Marienbild mit dem Jesusknaben. In dieser wundersamen Begebenheit erkannte er sofort ein Zeichen des Himmels; fiel andächtig auf die Kniee und gelobte der heiligen Maria an der Stelle eine Kapelle bauen zu lassen. Also entstand die nachmals berühmt gewordene Wallfahrtskapelle Maria zur Eich oder bloss zur Eich genannt, welche bis in die neueste Zeit von einem Waldbruder bewacht und von dem Pfarrer von Plobsheim bedient wird.*

Der Kapelle, welche der fromme Jäger erbauen lässt, und die fortan den Namen 'Maria zur Eich' führt, entspricht der ἱερὸς οἶκος τῶν ἐν Κλίδωνι — in diesem ἱερὸς

---

[1]) Stöber Die Sagen des Elsasses S. 153; mehr bei P. Wagler Berliner Studien XIII 2 S. 49.

οἶκος stand später — so meine ich — das ἀφείδρυμα des Dionysos, von welchem das Orakel spricht. Der ἱερὸς οἶκος ist die Frucht des delphischen χρησμός. Auf einer seiner Mauerquadern stand das Verzeichnis der Mysten, die zu seiner Ausstattung beigetragen haben[1]).

Aber Delphoi's Gott verlangt noch mehr von den Magneten. Er heisst sie nach Theben gehen und aus dem Geschlecht der Ino drei Mainaden holen, welche zu ihnen die Weihen bringen sollen. Sie heissen Kosko, Baubo und Thettale. Durchsichtig ist sogleich der Name der Dritten: er weist nach Thessalien, woher die Magneten nach Asien gekommen sind[2]). Kaum einen passenderen Namen kann es aber für die Dienerin eines mystischen Winkelkultus geben als den der Baubo, über deren Wesen uns jetzt in unerfreulicher Weise die φιλιάζουσαι des Herondas aufgeklärt haben[3]). Den Namen der ersten Mainade aber vermag ich nicht sicher zu deuten. Das Lokal wird hier das Ursprüngliche sein. Vom Siebberge trägt Kosko ihren Namen.

Diese drei Mainaden nun führen drei Thiasoi an, Kosko den der Πλατανιστηνοί, Baubo den vor der Stadt (πρὸ πόλεως), Thettale den der Καταιβάται. Sehr vage ist die Ortsbestimmung des Thiasos der Baubo; er hat sein Lokal an einem Ort vor der Stadt; der Gott, dem

---

[1]) Vgl. C. I. G. S. I nr. 2233 (Thisbe) θεοῖς Σεβαστοῖς καὶ [τῇ πό]λει τὸν οἶκον καὶ τὸν Δ[ιόνυ]σον.

[2]) Vgl. v. Wilamowitz Hermes XXX (1895) S. 177.

[3]) Vgl. Crusius Untersuchungen zu den Mimiamben des Herondas S. 128; A. Dieterich Philologus LII (1893) S. 3.

er gilt, natürlich Dionysos, gehört zu den θεοί προαστιανοί, von deren ὑπότροφος Authermione wir den Sarkophag wiedergefunden haben (vgl. Bulletin de corr. hellén. XVII (1893) p. 33). Diese ὑπότροφος der θεοί προαστιανοί, mit der wir die andere auf der Mysteninschrift erwähnte zusammenzustellen haben, lehrt wieder den engen Zusammenhang der hier behandelten Urkunden. Der Dionysos πρὸ πόλεως mag ein Filial des städtischen Dionysosheiligtums gewesen sein[1]). Denn dieses lag in den Mauern der Stadt, eben nicht weit von dem römischen Kastell. Da stand die heilige Platane — und da führt die an erster Stelle erwähnte Mainade, Kosko, den Thiasos der Πλατανιστηνοί. Platanen werden stets diesen ἱερὸς οἶκος umgeben haben, zum Andenken an das Wunder, wie es auch in einer anderen elsässischen Sage[2]) ausdrücklich heisst, dass man die Eiche, in welcher ein Hirt anno 1518 das Marienbild fand, in der Kirche stehen liess und '*setzte Unsrer Lieben Frauen Altar daran mit einem schönen hohen Chor und gewaltig hohen Thurn*'. Nach den Platanen, also nach dem Ort, wo er statt hat, heisst auch dieser Thiasos. So ist kein Grund vorhanden für den magnetischen oder gar noch für den thebanischen Dionysos den Kultnamen des Πλατανιστής zu erschliessen.

---

[1]) Ueber die Götter πρὸ πόλεως Boeckh zu C. I. G. II 2963 c (Ephesos); vgl. nr. 2462 (Thera): ἱερεὺς τοῦ πρὸ πόλεως Διονύσου. Boeckh hat seinen Vorschlag in der theräischen Inschrift πρόπολις = urbis tutor zu fassen, selbst als unmöglich erkannt und bei Besprechung der ephesischen Inschrift sofort zurückgenommen.

[2]) Stöber a. a. O. S. 341.

Und ähnlich erklärt sich auch der Name des dritten Thiasos, den Thettale führt. Der Name Καταιβάται giebt zwar nicht direct den Ort an, wo wir uns den Thiasos zu denken haben. Aber sagen lässt sich doch Einiges. Es ist nicht schwer sich des Zeus Katabates zu erinnern, und Maass (S. 187) hat dann auch daraus sofort die Consequenzen gezogen. Er nimmt also einen dritten Dionysos an, — den Dionysos Kataibates; aber wird er selber jetzt dies noch aufrecht halten, nachdem er soeben in seinem Orpheus S. 177 in dem bei Asterios Homil. X in martyres (Patrol. Graec. XL p. 324 Migne) erwähnten Καταβάσιον eine Krypta des eleusinischen Telesterions nachgewiesen hat? Gewiss ist dieser für Eleusis bezeugte unterirdische Ort aus einer bestimmten Kulthandlung zu erklären, und von einer solchen hat auch der θίασος τῶν Καταιβατῶν seinen Namen. Das aber wage ich nicht zu entscheiden, ob das Herabsteigen der Mysten in eine Krypta gemeint ist oder ob wir an die steilen Bergabhänge des Thorax zu denken haben. Denn gerade für einen Kult vor den Thoren Magnesia's, für den Dienst des Apollon in Hylai ist uns durch Pausanias X 32, 6 eine sehr merkwürdige Ceremonie bezeugt, welche mit der des Thiasos der Kataibatai wohl verglichen werden kann. Hylai war ein Flecken in der Nähe Magnesias, berühmt durch eine kleine Höhle, in der sich ein sehr altes wundertätiges Kultbild des Apollon fand. Sehr oft, aber stets vergeblich habe ich nach dieser Höhle gesucht[1]).

---

[1]) Rayet hat (Milet et le Golfe Latmique p. 133) Texiers Ver-

Solch ein Kultlokal wieder aufzufinden wäre allerdings von hohem Wert. Heilige Männer sprangen zur Ehre des Gottes von steilen Bergwänden herunter, indem sie hohe Bäume, die sie mit der Wurzel aus der Erde herausgerissen hatten, auf den Schultern trugen: κατὰ τὰ στενώτατα τῶν ἀτραπῶν ὁμοῦ τοῖς ἄχθεσιν ὁδεύουσι. Einen solchen Heiligen sehen wir auch auf Münzen dargestellt[1]). Es wird nicht geleugnet werden können, dass solch eine Kulthandlung vortrefflich auch in den Dienst des Dionysos passt, dessen Mainaden in wilder Jagd in den Bergen umherschweifen.

Von einem dieser drei Thiasoi haben wir vielleicht eine Darstellung auf Münzen des Caracalla und des Alexander Severus[2]). Der junge Dionysos (ἔτι κοῦρος) sitzt auf einer cista mystica: zwei Säulen deuten als seinen Aufenthaltsort einen Tempel an. Ein brennender Altar steht daneben, vor dem ein Korybant seinen Waffentanz aufführt. Die anderen Münzen aus Magnesia mit Dionysosbildern (auch oft mit einer Mainade, die vor ihrem Gott das Tympanon schlägt) geben für unseren Zweck wenig aus. Sie lehren höchstens, dass namentlich in der Kaiserzeit Magnesia's Dionysoskult besondere Bedeutung

---

mutung, dass die allen Besuchern Magnesias wohlbekannte, etwa 2 km vom Tempel gelegene Höhle (es sind in Wahrheit drei) die von Pausanias erwähnte sei, zugestimmt; sehr mit Unrecht. Denn jene Höhlen sind weiter nichts als Steinbrüche.

[1]) Rayet a. a. O.
[2]) British Museum Ionia 166 nr. 62 (pl. XIX 11); vgl. 168 nr. 68.

hatte, und sie führen uns die im Orakel erwähnten Mainaden auch im Bilde vor.

Die thebanischen Mainaden werden dann auch nach dem Tode ihren Verdiensten entsprechend geehrt. Ihre Gräber bleiben im Gedächtnis der Magneten. Kosko liegt auf einem Hügel, der den Namen Κοσκώβουνος trägt, Baubo ἐν Ταβάρνει, Thettale beim Theater. Magnesia ist hügelreich — man wird Koskobunos nicht bestimmen können, eine Stelle beim Theater ist gewiss der rechte Platz für das Grab einer Mainade, — und Τάβαρνις wird ein Ort ausserhalb der Stadt sein, πρὸ πόλεως wo ihr Thiasos seine Feste feiert[1]). Wir finden den Ort Tabarnis in magnesischen Inschriften noch zweimal erwähnt[2]). Aus der einen lernen wir, dass sich in Tabarnis eine Quelle befand, aus welcher Wasser in die Stadt abgeleitet wurde[3]). Das erinnert uns an das Grab der Sibylle Herophile in dem Hain des Apollon Smintheus in der Troas, welches an einem Quell lag (Paus. X 12, 6), wie denn auch das Grab des Euripides in Makedonien durch

---

[1]) Zu dem Namen Tabarnis lässt sich als Parallele der Ort Abarnis am Hellespont, zwischen Lampsakos und Parion gelegen, anführen: Xenoph. Hellen. II 1, 29. Orph. Argonaut. v. 487 heisst der Ort Abarnias. Vgl. Steph. Byz. s. v. Ἄβαρνος. Vielleicht darf man bei dieser sicher ungriechischen Namensform auch an die Καβάρνοι erinnern; s. O. Crusius Beiträge zur griechischen Mythologie und Religionsgeschichte (Progr. der Thomasschule in Leipzig 1886) S. 13¹.

[2]) Archäol. Anz. 1895 S. 116.

[3]) Zwischen Agora und Temenos der Leukophryene fand sich die Inschrift: Ἡ πόλις τὴν κρήνην καὶ τὰ ζώδια καὶ τὸ ὕδωρ | ἐκ τῆς ἐν Ταβάρνει πηγῆς διὰ ἐργεπιστάτου | Αἰλίου Δημονείκου.

eine vielbesuchte Quelle ausgezeichnet war (Vitruv VIII 3, 16)[1]).

Es bedarf keiner Erklärung, weshalb es der thebanische Dionysos ist, dessen Einführung in Magnesia vom delphischen Orakel gefordert wird (vgl. auch oben S. 89). Aber nicht entgehen lassen wir uns ein epigraphisches Zeugnis, auf welches Maass und Reinach noch nicht hinweisen konnten, da es erst von Kondoleon ἀνέκδοτοι Μικρασιαναὶ ἐπιγραφαὶ τεῦχος πρῶτον 1890 S. 8 nr. 8 veröffentlicht worden ist. Obwohl die Inschrift entweder zusammen mit den von uns hier behandelten Dionysosinschriften oder — es lässt sich das leider nicht entscheiden — bei den im Jahre 1890 durch D. Baltazzi im Theater planlos unternommenen Ausgrabungen, die einem Raubbau glichen[2]), gefunden ist, hat sie bereits eine Geschichte. Kondoleon veröffentlicht sie a. a. O. nach der Abschrift eines φιλάρχαιος nur mit der Angabe: ἐπὶ μαρμάρου:

Διονύσῳ καὶ Σεμέλῃ
᾿Αριστεὺς Ζήνωνος.

Nach langem Suchen fand ich sie endlich wieder — auf dem Bahnhofe der Station Baladjik, wo sie für einen Steintransport bereit stand. Leider war sie bereits stark zerstört. Aber der erste Blick lehrte, dass es ein kleiner Altar war (h. 0,84; br. 0,46; d. 0,46), auf dem ich nur noch las:

---

[1]) E. Curtius Gesammelte Abhandlungen I S. 77.
[2]) Athen. Mitth. XIX (1894) S. 3.

ΔΙΟΝΥΣΩΙΚΑΙΣΕ

ΑΡΙΣΤΕΥΣΣΗ

Unter der Inschrift befand sich eine Guirlande mit Bukranien an den Ecken, die sich auch auf die anderen drei Seiten fortsetzte. Von der Mitte jeder Guirlande hing eine Weintraube herab. Die Arbeit des Altars war nur an der Vorderseite sorgfältig. Ich konnte noch einen Abklatsch nehmen — aber wenige Tage darauf war das ganze Stück bereits verschwunden. Man sagte, die Eisenbahn habe es mitgeführt, und so wird es denn wohl mit der Zeit an irgend einem anderen Orte auftauchen und vielleicht mit einer neuen Provenienzangabe noch einmal publiciert und — zu falschen Schlüssen verwandt werden [1]).

Soweit über den mystischen Dionysoskult in Magnesia. Aber Theokrit und Kos erfordern noch ein Wort. Maass hat nämlich das Orakel aus Magnesia für die Erläuterung der Λῆναι ἢ Βάκχαι des Theokrit (XXVI) verwandt. Er sucht zunächst nachzuweisen, dass dieser Hymnos für den Dionysoskult in Kos gedichtet ist, und geht dabei von der Identifikation des V. 33 genannten Δράκανον mit dem Vorgebirge Drekanon auf Kos aus. Das mag richtig sein [2]), doch lässt es sich zur wirklichen

---

[1]) Schlagend richtig hat Maass (Orpheus S. 45⁴⁵) die Inschrift von Akrai I. G. S. I. nr. 205 als Weihinschrift für Dionysos und Semele (Διονύσωι καὶ Σ[εμέληι]) aufgefasst.

[2]) Vgl. Reitzenstein Epigramm und Skolion S. 225.

Evidenz nicht bringen. Für Kos ist Dionysosdienst sicher bezeugt, — wo wäre der auch nicht bezeugt? — aber durchaus unrichtig scheint mir die Deutung der Διονύσια πρῶτα in der jetzt bei Paton-Hicks Inscriptions of Cos nr. 13, 16 veröffentlichten Inschrift zu sein, welcher H. Dibbelt quaest. Coae mythologae p. 63 zugestimmt hat. Maass meint, dass die Διονύσια πρῶτα noch ein zweites und drittes Fest des Dionysos auf Kos beweisen, während es doch etwas ganz Gewöhnliches ist, dass damit nicht das Dionysosfest Nro. I, sondern die nächste Dionysosfeier gemeint ist[1]). Mit diesen drei Dionysosfesten bringt er die neun Thiasoi des Theokrit zusammen und dann auch natürlich die drei der magnetischen Inschrift; und der angebliche dreifache Dionysos von Magnesia wirkt dann weiter. Maass versucht sogar den Namen des dritten πρὸ πόλεως verehrten aus Kos zu gewinnen — er nennt ihn in der That Σκυλλίτας und stellt somit eine enge Kult-Verbindung zwischen Magnesia und Kos her. All diese mit gewohnter Gelehrsamkeit vorgetragenen Combinationen scheitern einmal an der unrichtigen Interpretation der Διονύσια πρῶτα und dann eben daran, dass wir aus der magnetischen Urkunde durchaus nicht auf einen dreifachen Dionysoskult zu schliessen haben. Dionysos kam nach Magnesia aus Theben; das ist des Orakels Sinn. Auch der theokritische Hymnus gibt den

---

[1]) Es wird kaum nötig sein die Beispiele zu häufen, vgl. Fraenkel Inschr. aus Pergamon Nr. 159 ἐν[ἄγ]ωνι τῷ πρώτῳ συντελε(ι)ομ[έ]νῳ oder C. I. A. II 52 c, 9 προσαγαγεῖν εἰς τὸν δῆμον εἰς τὴν πρώτ[ην ἐ]κκλησίαν.

thebanischen Mythus. Mag er in der That für Kos gedichtet sein oder nicht, von Kos führen nach Magnesia keine Wege, und mit Theokrit hat der Orakeldichter nur den allbekannten thebanischen Mythus gemein — ich glaube trotz Maass, dass die Bakchen des Euripides hier mindestens indirect eingewirkt haben.

Und schliesslich: wann ist der ἀρχαῖος χρησμός verfasst? Ist er zu Hadrians Zeiten, in denen er auf den Stein gehauen ist, auch gedichtet? Formen wie ὑμεῖν, ις, πτολίαιθρα raten in der That, mit der Datierung nicht gar zu hoch hinaufzugehen. Die Datierung ἐπὶ πρύτανεως weist freilich spätestens auf das dritte vorchristliche Jahrhundert; in späterer Zeit wäre ἐπὶ στεφανηφόρου die richtige. Aber das könnte eben absichtliche Täuschung sein, — und einer solchen hätte sich dann wahrlich nicht als erster Magnet der ἀρχαῖος μύστης Ἀπολλώνιος Μοκόλλης schuldig gemacht[1]). Durch Possis (Athen. XII p. 533 d. e) wissen wir, dass Themistokles, welcher auch sonst in Magnesia als Stifter neuer Gottesdienste und Feste auftritt, dem Dionysos Choopotes geopfert und den Tag der Choen, den wichtigsten Teil der athenischen Anthesterien[2]), dort eingeführt habe. Es wird schwerlich irgend Jemand geben, der das Orakel in die vorthemistokleische Zeit zu setzen wagt. Und doch hören wir gerade in ihm, dass ein Priester des Dionysos erst eingesetzt werden soll.

---

[1]) Vgl. Gründungsgeschichte von Magnesia S. 16.
[2]) Der Monat Anthesterion ist auch für Magnesia durch Inschriften bezeugt.

Das ist ein Widerspruch mit der Nachricht des Possis. Denn das Choenfest setzt einen Dionysospriester voraus. Wir kennen auch Dionysoskult in Magnesia, das vielleicht schon im vierten Jahrhundert ein Theater besass, welches ausdrücklich als ἱερὸν bezeichnet wird¹). Eine Weihinschrift für Dionysos Enagonios ist im Theater gefunden, die sicherlich älter ist als unser Orakelspruch²). Die Mache der Priester im ersten Jahrhundert nach Chr., denen Delphoi's Gott seine Stimme leiht, leuchtet uns ein, in welche Zeit auch immer wir die Entstehung des Orakels setzen mögen. Und wenn es in der That wahr wäre, dass die Pythia seit der Zeit des König Pyrrhos den Hexameter verschmäht und sich der prosaischen Rede bedient hat³), dann würde man auch in den Versen des Orakels eine Affectation und nicht ohne Weiteres ein Zeugnis für seinen älteren Ursprung sehen dürfen. Aber das aus hadrianischer Zeit stammende Orakel, das der Demeter Chloe gilt, spricht auch in Versen zu den Athenern:

Φοῖβος 'Αθηναίοις Δελφοὺς ναίων τάδ' ἔ[ειπεν].

Es ist sicher, dass es seit Philochoros Sammlungen delphischer Orakel gab⁴). So mag es kein Zufall sein,

---

¹) Athen. Mitteil. XIX S. 44 Nr. 46.
²) Athen. Mitteil. XIX S. 37 Nr. 37.
³) Cicero de divinatione II 116 Pyrrhi temporibus iam Apollo versus facere desierat.
⁴) G. Wolf Porphyrii de philosophia ex oraculis haurienda librorum reliquiae p. 46.

dass die prosaische Einleitung des den Magneten gegebenen Orakels auffällig stimmt mit dem Anfang des bei Demosthenes (Rede g. Makartatos § 66) erhaltenen delphischen Orakels: Ἀγαθῇ τύχῃ. ἐπερωτᾷ ὁ δῆμος ὁ Ἀθηναίων περὶ τοῦ σημείου τοῦ ἐν τῷ οὐρανῷ γενομένου, ὅ τι ἂν δρῶσιν Ἀθηναίοις ἢ ὅτῳ θεῷ θύουσιν ἢ εὐχομένοις εἴη ἐπὶ τὸ ἄμεινον ἀπὸ τοῦ σημείου. Aber irgend etwas Sicheres über die Abfassungszeit werden wir wohl erst durch die Sammlung der Orakel erfahren, welche wir von Eduard Schwartz erwarten dürfen.

II.

ΑΝΑΞ.

Clemens Alexandrinus[1]) erzählt folgende merkwürdige Geschichte: εἰ θέλεις δ' ἐποπτεῦσαι καὶ τὰ Κορυβάντων ὄργια, τὸν τρίτον ἀδελφὸν ἀποκτείναντες οὗτοι τὴν κεφαλὴν τοῦ νεκροῦ φοινικίδι ἐπεκαλυψάτην καὶ καταστέψαντε ἐθαψάτην, φέροντες ἐπὶ χαλκῆς ἀσπίδος ὑπὸ τὰς ὑπωρείας τοῦ Ὀλύμπου. Καὶ ταῦτ' ἔστι τὰ μυστήρια, συνελόντι φάναι, φόνοι καὶ τάφοι. οἱ δὲ ἱερεῖς οἱ τῶνδε, οὓς ἀνακτοτελέστας, οἷς μέλον καλεῖν, καλοῦσι, προσεπιτερατεύονται τῇ συμφορᾷ, ὁλόρριζον ἀπαγορεύοντες σέλινον ἐπὶ τραπέζης τιθέναι· οἴονται γὰρ δὴ ἐκ τοῦ αἵματος τοῦ Κορυβαντικοῦ τὸ σέλινον ἐκπεφυκέναι. ὥσπερ ἀμέλει καὶ αἱ θεσμοφοριάζουσαι τῆς ῥοιᾶς τοὺς κόκκους παραφυλάττουσιν ἐσθίειν· τοὺς ἀποπεπτωκότας χαμαὶ ἐκ τῶν τοῦ Διονύσου αἵματος σταγόνων βεβλαστηκέναι νομίζουσι τὰς ῥοιάς. Καβείρους δὲ τοὺς Κορύβαντας καλοῦντες καὶ τελετὴν Καβειρικὴν καταγγέλλουσιν· αὐτὼ γὰρ δὴ τούτω τὼ ἀδελφοκτόνω τὴν κίστην ἀνελομένω, ἐν ᾗ τὸ τοῦ Διονύσου αἰδοῖον ἀπέκειτο, εἰς Τυρρηνίαν κατήγαγον, εὐκλεοῦς

---

[1]) Protr. p. 16 Pott. = Eusebios praep. ev. II 3.

ἔμποροι φορτίου· κἀνταῦθα διετριβέτην, φυγάδε ὄντε, τὴν πολυτίμητον εὐσεβείας διδασκαλίαν, αἰδοῖα καὶ κίστην, θρησκεύειν παραθεμένῳ Τυρρηνοῖς· δι' ἣν αἰτίαν οὐκ ἀπεικότως τὸν Διόνυσόν τινες Ἄττιν προσαγορεύεσθαι θέλουσιν, αἰδοίων ἐστερημένον. Seit Lobecks Untersuchung im Aglaophamus II 1256ff. steht es fest, dass der von Clemens hier beschriebene Kultus den Kabiren von Thessalonike gilt [1]). Auf ihn bezieht sich Lactantius divin. instit. I 15 (summa veneratione coluerunt — Macedones Cabirum), der mit guter Sachkenntnis von einem Kabir spricht. Durch die Funde im thebanischen Kabirion [2]) hat diese Nachricht an Bedeutung gewonnen. Wir können jetzt mit Sicherheit sagen, dass wie in Theben so auch in Thessalonike ein Kabir aus dem Kabirenverein hervorragte, dass da im Laufe der Kultentwickelung ein Kabir in den Mittelpunkt trat [3]).

Thessalonike ist eine Gründung Kassanders; sein Kabirenkult stammt aus hellenistischer Zeit, in welcher

---

[1]) Vgl. Jul. Firm. de errore prof. relig. c. XI S. 91 ed. Halm: In sacris Corybantum parricidium colitur. Nam unus frater a duobus interemptus est, et ne quod indicium necem fraternae mortis aperiret, sub radicibus Olympi montis a parricidis fratribus consecratur. Hunc eundem Macedonum colit stulta persuasio. Hic est Cabirus, cui Thessalonicenses quondam cruento ore (add. Halm) cruentis manibus supplicabant. Considerandum itaque est, quale sit numen, quod parricidalis amentia, ut parricidium celaret, invenit.

[2]) Ueber die Kabirenreligion vgl. jezt vor allem Roberts Darstellung bei Preller griech. Mythol. I[4] 847.

[3]) Vgl. v. Wilamowitz in seiner Abhandlung über Hephaistos Gött. Nachr. 1895 S. 244.

überhaupt die Kabirenreligion erst weiteres Terrain gewann. E. Maass hat soeben¹) sehr hübsch ausgeführt, dass die Orpheussage aus Aineia, welches zu den Städten gehört, aus denen Kassanders Stadt hervorging, nach Thessalonike gekommen ist. Orphische Züge trägt der Kabir von Thessalonike wie der thebanische. Denn deutlich genug erinnert der von seinen Brüdern getötete Kabir, von welchem das δρᾶμα μυστικόν handelte, an den von den Titanen zerrissenen Zagreus. Wir besitzen sogar ein Kultlied, das schon Lobeck hieher gezogen hat und das sehr wohl für den Kult in Thessalonike gedichtet sein kann. Es ist der XXXIX orphische Hymnus:

κικλήσκω χθονὸς ἀενάου βασιλῆα μέγιστον,
Κύρβαντ' ὀλβιόμοιρον, ἀρήιον, ἀπροσόρατον,
νυκτερινὸν Κουρῆτα, φόβων ἀποπαύστορα δεινῶν,
φαντασιῶν ἐπαρωγόν, ἐρημοπλάνον Κορύβαντα,
5 αἰολόμορφον ἄνακτα, θεὸν διφυῆ, πολύμορφον,
φοίνιον, αἱμαχθέντα κασιγνήτων ὑπὸ δισσῶν,
Δηοῦς ὃς γνώμῃσιν ἐνήλλαξας δέμας ἁγνόν,
θηρότυπον θέμενος μορφὴν δνοφεροῖο δράκοντος·
κλῦθι, μάκαρ, φωνῶν, χαλεπὴν δ' ἀποπέμπεο μῆνιν,
10 παύων φαντασίας ψυχῆς ἐκπλήκτου ἀνάγκης.

Der tote Bruder heisst ἄναξ, die Genossenschaft, die ihn verehrt, ἀνακτοτελέσται, er ist der Kabir. Obwohl verdorben und gestorben ist er der Herrscher in dem Verein der Kabiren von Thessalonike. Ein αἰδοῖον und die Kiste, aus welcher sich die Schlange emporringelt, sind das Instrument

---

¹) Orpheus S. 143.

auch dieses mystischen Kultes[1]). Sein Bild sehen wir auf den Münzen, auf denen immer nur ein Kabir dargestellt ist, mit Ryton und Hammer[2]), und ich kenne es auch aus der Photographie einer kleinen Bronze, welche sich jetzt in Rumeli-Hissar bei Konstantinopel befindet, und deren Abbildung ich Paul Wolters verdanke. Der mit Binden bekränzte Gott hält in der Linken eine Schale, in der Rechten seinen Hammer. Aus dem Hammer darf man wohl schliessen, dass es wie in Lemnos auch in Thessalonike Hephaistos war, an den sich der Kabirenkult anschloss.

Dass der Kabirenkult einen chthonischen Charakter trägt, haben die Opfergruben bei Theben und auf Samothrake bewiesen. Auch in Thessalonike findet sich dafür mancherlei Bestätigung. Zunächst die Drei-

---

[1]) Für den Kabirenkult in Lemnos bezeugt die Kiste Attius Philoct. fr. II (Ribb. p. 204) nach Bergks Conjectur: celsa Cabirum delubra tenes, misteria quae pristina cistis consepta sacris.

[2]) Interessant ist eine Münze des Kaisers Philippus aus Thessalonike, auf die mich Dr. Gaebler freundlichst hinweist; dargestellt sind Apollon und der Kabir, die zusammen einen unerklärten Gegenstand halten (Cousinery voyage dans la Macédoine I pl. I nr. 11; Mionnet I 503, 399; S. III 163, 1062). Man darf diese Verbindung nicht etwa aus kathartischen Kultbräuchen erklären, sondern es ist, wie Gaebler richtig sagt, nur der bildliche Ausdruck der aus Münzen von Thessalonike bekannten Καβείρια Πύθια. Siehe auch Berl. Münzkatalog II S. 152 Nr. 62, wo über einen auf den Kabirenmünzen von Thessalonike erscheinenden merkwürdigen hornähnlichen Gegenstand gehandelt wird. — Mysten aus Thessalonike werden genannt auf der Inschrift Μουσεῖον καὶ βιβλιοθήκη τῆς εὐαγγελικῆς σχολῆς ἐν Σμύρνῃ 1876/78 p. 17 nr. σιθ'. Der Stein befindet sich in den Dardanellen; er wird wohl aus Samothrake stammen, wo ganz ähnliche Listen gefunden sind.

zahl der Brüder, welche H. Diels (Sibyllin. Bl. S. 40, 1) als Merkmal eines chthonischen Kultes hervorgehoben hat. Dann das Purpurgewand, in welches der Kopf des erschlagenen Anax gehüllt wird, worüber die Nachweise wieder in den Sibyllinischen Blättern S. 70 zu finden sind[1]), und der Eppich, die Totenpflanze der Griechen, mit denen sie ihre Gräber schmückten[2]). Schliesslich deutet auch die Schlange des orphischen Hymnos v. 7. 8 auf chthonischen Kult, wie ja die ganze Legende durchaus einen finsteren Charakter hat.

Von Thessalonike ist der Weg nach Milet sehr weit, und doch finden wir dort einen ἱερὸς λόγος, welcher sich mit dem eben gehörten vergleichen lässt. Es ist das die Geschichte von den Söhnen des milesischen Königs Leodamas, welche vor Amphitres, dem Mörder ihres Vaters, nach Assesos geflohen sind und dort von ihm belagert werden[3]). Assesos wird hart bedrängt. Die Belagerten befragen das Orakel und erhalten die Antwort, dass aus Phrygien Helfer (βοηθοί) zu ihnen kommen würden, um den Mord

---

[1]) Vgl. Arch. Anz. 1894 S. 81; die Mysten tragen in Samothrake Purpurbinden περὶ τὴν κοιλίαν: Schol. Apollon. Argon. 1 917.

[2]) Plin. Nat. hist. XX 113 apium (= σέλινον): distinguitur sexu. Chrysippus feminam esse dicit crispioribus foliis et duris, crasso caule, sapore acri et fervido, Dionysius nigriorem, brevioris radicis, vermiculos gignentem, ambo neutrum ad cibos admittendum, immo omnino nefas, nam id defunctorum epulis feralibus dicatum esse, visus quoque claritati inimicum. Vgl. Rohde Psyche S. 204,2; 222,2.

[3]) Nikolaos Damasc. F. H. G. III 388 nr. 54. Vgl. H. Gelzer De Branchidis p. 41.

zu rächen und auch um Milet von der Gewaltherrschaft zu befreien. Und da erscheinen in einer Nacht vor den Thoren zwei Jünglinge aus Phrygien, Tottes und Onnes ἱερὰ ἔχοντες Καβείρων ἐν κίστει κεκαλυμμένα. Ἐχόμενοι δὲ τῆς κίστεως ἀμφότεροι ὁ μὲν ἔνθεν, ὁ δὲ ἔνθεν νυκτὸς ἔτι οὔσης προῆλθον εἰς τὸ τεῖχος, καὶ ἐκέλευόν σφας δέχεσθαι. Aber der Eintritt in die Stadt wird ihnen erst gewährt, als man sich des Orakels erinnert. Sie erklären am nächsten Morgen in der Volksversammlung die Stadt retten zu wollen, wenn man ihnen die gebührenden Opfer darbringe (θῦσαι τὰ νομιζόμενα αὐτοῖς). Jubelnd geht das hart bedrängte Volk auf ihre Bedingung ein, und unter Vorantritt der phrygischen Jünglinge, welche die ἱερὰ πρὸ τῆς φάλαγγος tragen, geht es mit der ganzen Heeresmacht gegen die Feinde. Diese fliehen, Amphitres wird von den Söhnen des Leodamas getötet, und Krieg und Tyrannis hören zugleich auf. So wird Milet durch die ἱερὰ τῶν Καβείρων frei.

Gewiss hat Robert Recht, wenn er a. a. O. 860 sagt, dass sich in dieser romanhaften Fassung der alte Kern der Stiftungslegende kaum mehr erkennen lasse. Aber Eines muss doch herausgehoben werden. Die phrygischen Jünglinge, welche mit den ἱερὰ Καβείρων nach Assesos kommen, entsprechen genau den beiden Brüdern aus Thessalonike, welche mit der heiligen Kiste zu den Tyrrhenern wandern.

Es verschlägt dabei nichts, dass der milesische ἱερὸς λόγος von einer Mehrzahl von Kabiren spricht. Niemand wird von Nikolaos von Damaskos solche Genauigkeit verlangen. Auch die milesischen Inschriften reden immer von Κάβειροι und μεγάλοι θεοί¹) — aber einen Rest von der Legende, nach welcher die Zwei den Dritten erschlagen, glaube ich in dem Namen des Priesters zu erkennen, der κωτάρχης oder κώταρχος hiess, wenn anders C. Keil specimen onomatologi Graeci p. 107 mit Recht an die Glosse des Hesych v. κοίης ἱερεὺς Καβείρων, ὁ καθαίρων φονέα, οἳ δὲ κότης erinnert hat. Dieser Sühnbrauch ist das deutliche Zeichen eines chthonischen Kults.

Sehr viel wichtiger ist es aber, dass wir in Milet unzweifelhaft den Gott der Anaktotelesten nachweisen können. Aus Didymos ist bei Stephanus v. Byzanz v. Μίλητος überliefert, dass Milet drei Namen gehabt habe: Λελεγηίς, Πιτυοῦσα und Ἀνακτορία, und den letzteren habe es erhalten nach Anax dem Sohn der Ge und des Uranos²). So ist Anax hier in die Reihe der Titanen aufgenommen, und es fehlen für den Zusammenhang der Kabiren mit den Titanen auch sonst die Zeugnisse nicht. Voransteht die Orakelinschrift des Apollon Gryneios aus Pergamon, die leider jetzt verschollen ist³). Dort heisst es (v. 7) von den Nachkommen des Telephos

οἷσι πάρ' Οὐρανοῦ υἷες ἐθήσαντο Κάβειροι
πρῶτοι Περγαμίης ὑπὲρ ἄκ[ρι]ος ἀ[σ]τε[ρ]ο[πητ]ή[ν]
τικτόμενον·Δία, μητρώϊην ὅτε [γα]στ[έρα] λῦσ[εν].

Und mitten in die Schaar der Titanen führt uns das

---

¹) Robert a. a. O. 860,4.
²) Paus. I 35,6; VII 2, 5.
³) Kaibel Epigr. gr. 1035.

von Conze[1]) auf Imbros gefundene Gebet zu den Kabiren, zu dem C. Keil (Philogos Suppl. II (1863) S. 598) einen wichtigen Beitrag gab, indem er die Πάτεκοι richtig erklärte. Aber es war nicht wohlgethan, dass er Z. 5 das Wort Ἄναξ als Epiklesis zu Κασμεῖλε verflüchtigen wollte; sehr mit Recht hatte schon Conze a. a. O. an den milesischen Anax erinnert. Unter dem Namen eines ἄναξ κατ' ἐξοχήν ist der ältere Kabir, der später auch mit den Titanen verbunden wurde, also nicht nur in Thessalonike und Milet verehrt worden. Auch in Imbros treffen wir eben seine Spur.

Als Καβιρὶμ die Mächtigen sind die Kabiren aus Phoinikien nach Griechenland gekommen, und ihr Dienst wurde von Küste zu Küste, von Insel zu Insel getragen, in mancherlei Formen, in vielerlei Gestalten. Am treusten, obwohl sie sich auch da an Hermes anschliessen, bewahrten sie wohl ihr Wesen in Samothrake. Dort heissen sie immer in genauer Uebersetzung des phoinikischen Namens die Grossen Götter, μεγάλοι θεοί. Denn es ist noch keine Inschrift gefunden, welche für Samothrake

---

[1]) Reise auf den Inseln des thrakischen Meeres S. 91 Taf. XV, 9.
Θεοὶ μεγάλοι,
θεοὶ δυνατοί,
ἰσχυρροὶ καὶ
Κασμεῖλε·
5 Ἄναξ Πάτ[ε]
κοι Κοῖος
Κρεῖος Ὑ-
περείων
Ἰαπετός
10 Κρόνος.

den Namen der Kabiren erwiese. Und wenn Lobeck für den einen Kabiren nur zwei Beispiele anführen konnte, das Epigramm des Diodoros (Anthol. Palat. VI 245) und die Stelle des Lactantius, wir leben in der Zeit, wo in kaum übersehbarem Reichtum das epigraphische Material von Tag zu Tage wächst, und dürfen uns freuen, dass auch in solch dunkle Gebiete wie in das der Kabirenreligion neues Licht gefallen ist. So kann man für den einen Kabiren jetzt wieder ein neues Zeugnis aus dem im zweiten Jahrhundert n. Chr. erbauten Theater von Tlos heranziehen, das wir Benndorf verdanken[1]). An der Spitze einer Liste von Personen, welche zur Erbauung des Theaters Geld hergaben, steht der Name eines Aristeides, des Sohnes des Antigones, welcher sich lebenslänglichen Priester des Dionysos und Erzpriester des Kabiren nennt.

Aber noch überraschender ist ein Fund, dessen Mitteilung ich meinem Freunde F. Hiller von Gaertringen verdanke. Von seiner neuen Forschungsreise bringt er mir den Abklatsch einer Inschrift mit, welchen unser ehemaliger Aufseher bei den Ausgrabungen in Magnesia, Mastro Athanasiu aus Smyrna, in einer Moschee des Dorfes Tschanly genommen und C. Humann übergeben hat[2]). Es ist ein Ehrendekret, das wie die Psephismen für Apollophanes von Magnesia mit der Angabe der Stimmen-

---

[1]) Anzeiger der philos.-hist. Classe der Wiener Akademie vom 20. Juli 1892 Nr. XVIII (S. 11 des Sonderdrucks).
[2]) Sehr nützlich war mir bei der Lesung des wenig scharfen Abklatsches eine Umschrift, welche Hiller im Verein mit Rud. Heberdey bereits vorgenommen hatte.

zahl, auf Grund derer es ausgestellt ist, schliesst[1]). Hiller lenkte sofort meine Aufmerksamkeit auf das in ihm erwähnte ἱερὸν τοῦ Ἄνακτος — und dieser Angabe wegen habe ich die vorstehende Untersuchung hier ausgeführt.

Tschanly[2]) liegt im Nordosten der Mykale, etwa 3½ Stunden von der Stadt Sokhia entfernt, nicht weit vom Meere. Es ist der Ort, in dessen Nähe man lange Zeit die Stätte des Panionions gesucht hat, ohne jeden Grund, wie es scheint. Denn man hat, wie mir F. Winter bestätigt, welcher im Sommer 1887 Tschanly zusammen mit W. Judeich besucht hat, keine Veranlassung hier eine grössere antike Ansiedelung anzunehmen. Es ist sehr verlockend zu glauben, dass der Stein nach Tschanly aus den Ruinen der altionischen Stadt Anaia verschleppt ist, deren Reste Pulakis in dem kleinen türkischen Dorf Ἄνεα wiedererkannt hat, welches in byzantinischer Zeit der Sitz eines Bischofs war und allein von allen ionischen Städten seinen alten Namen bis heute bewahrt hat (Ἑλλην. φιλολ. συλλ. παράρτημα zu Band XVIII [εἰκοσιπενταετηρὶς 1861 bis 1886] Konstantinopel 1888 p. 229). Aber es ist sehr unwahrscheinlich, dass die hohe Zahl von 3580 Stimmen für die Bevölkerung dieser Stadt, von der wir so wenig wissen, passt, und wenn eine Verschleppung der Inschrift nun einmal angenommen werden muss, dann liegen

---

[1]) Athen. Mitteil. XIX (1894) S. 12.

[2]) Es giebt in dieser Gegend zwei Dörfer namens Tschanly. Da Mastro Athanasiu eine Moschee als Fundort der Inschrift nennt, kann hier nur das türkische Dorf Muslim-Tschanly gemeint sein. Für die Stätte des Panionions hält man gewöhnlich das griechische Dorf. Das türkische liegt etwa in der Mitte zwischen diesem und Ἄνεα.

Priene — freilich durch die hohe Mykale von Tschanly getrennt — und Samos — der Transport von Inschriften zur See auf einem Kaïk ist etwas sehr gewöhnliches — nicht allzu weit von der Fundstätte des Steins. Zu erwägen ist vielleicht auch, ob der Stein aus Magnesia stammt; denn die Angabe der Stimmenzahl und die Formeln am Schlusse würden wohl dazu passen[1]). Die Inschrift, welche nach ihren Buchstabenformen in das zweite vorchristliche Jahrhundert gehören wird, lautet folgendermassen.

— — — — — ἐπειδὴ —]ς Παυσανίου νεωκό[ρος]
— — — — — — — — ἀ]ν[ὴρ] κ[α]λὸς καὶ ἀγα[θὸς]
[εἰς τ]ὸ[ν οἶκ]ον τ[ὸν ἱερὸν] καὶ εἰς τὸν δῆμον καὶ ἰδί[αι ἑ-]
[κάστ]ωι τῶμ πο[λιτῶν δι]ατελεῖ, δεδόχθαι τῶι δ[ή-]
5 [μωι ἐ]πηινῆσθαί [τε αὐτὸ]ν ἀρετῆς ἕνεκεν καὶ εὐνοίας
[ἣν ἔχ]ων διατελεῖ εἴς τε τὸν οἶκον τὸν ἱερὸν καὶ εἰς τὸ[ν]
[δῆμον] καὶ στεφανωθῆναι αὐ[τ]ὸν ἐν τοῖς πρώτοις Διον[υ-]
[σίοις ²)] χρ]υσέωι στεφάνωι, στῆσαι δὲ αὐτοῦ καὶ εἰκόν[α ὅ-]
[που ἂν ἐ]ν τῶι ἱερῶι τοῦ Ἄνακτος βούληται, [το]ὺς δὲ οἰ[κο-]
10 [νόμους το]ὺς μετὰ τὸν [. .]ον ὑπηρε[τῆ]σαι τὸ ε[ἰς] τὴν ε[ἰκόνα]
[ἀνήλωμα ἐκ τῶ]ν πόρων ὧν ἔχουσιν εἰς πόλεως διοίκησ[ιν,]
[λελύσθαι δὲ] καὶ εἴ τι ψήφισ[μ]α ἐναντίον ἐστὶν τῶιδ[ε]
[τῶι ψηφίσματ]ι κατ' αὐτὸ το[ῦ]το καθ' ὃ ἐστιν ἐναντίον.
[Ψῆφοι ἐπηνέχθησ]αν τρισχίλιαι πεντακόσιαι ὀγδο[ή-]
[κοντα — — — — — — — — — — —]

---

[1]) S. oben S. 110.
[2]) Vgl. zu den πρῶτα Διονύσια oben S. 98. Aus der Erwähnung dieses Festes die Herkunft des Psephisma entscheiden zu wollen ist vergebliches Bemühen. In einem magnesischen Psephisma würde man statt der Διονύσια wohl die Λευκοφρυηνά erwarten.

```
ΣΠΑΥΣΑΝΙΟΥΝΕΩΚΟ,
             Ν▓▓▓ΚΛΟΣΚΑΙΑΓΑ
         ΟΝΤ▓▓▓▓ΚΑΙΕΙΣΤΟΝΔΗΜΟΝΚΑΙΔΙ
ΤΩ·ΤΩΠΡΟ▓▓▓▓ΑΤΕΛΕΙ  ΔΕΔΟΧΘΑΙΤΩΙΔ
ΞΕΠΗΝΗΣΘΑΙ▓▓ΝΑΡΕΤΗΣΕΝΕΚΕΝΚΑΙΕΥΝΟΙΑΣ
ΩΝΔΙΑΤΕΛΕΙΕΙΣΤΕΤΟΝΟΙΚΟΝΤΟΝΙΕΡΟΝΚΑΙΕΙΣΤΟ
ΚΑΙΣΤΕΦΑΝΩΘΗΝΑΙΑΥ▓▓ΟΝΕΝΤΟΙΣΠΡΩΤΟΙΣΔΙΟΝ
ΥΣΕΩΙΣΤΕΦΑΝΩΙΣΤΗΣΑΙΔΕΑΥΤΟΥΚΑΙΕΙΚΟΓ
ΝΤΩΙΙΕΡΩΙΤΟΥΑΝΑΚΤΟΣΒΟΥΛΗΤΑΙ▓▓ΥΣΔΕΟΙ
ΥΣΜΕΤΑΤΟΝ▓▓ΟΝΥΠΗΡΕ▓▓ΑΙΤΟΕ▓▓ΤΗΝΕ
ΝΠΟΡΩΝΕΧΟΥΣΙΝΕΙΣΠΟΛΕΩΣΔΙΟΙΚΗΣΙ
ΚΑΙΕΙΤΙΨΗΦΙΣ▓▓ΑΕΝΑΝΤΙΟΝΕΣΤΙΝΤΩΙΔ
ΙΚΑΤΑΥΤΟΤΟ▓▓ΤΟΚΑΘΟΕΣΤΙΝΕΝΑΝΤΙΟΝ
ΑΝ ΤΡΙΣΧΙΛΙΑΙΠΕΝΤΑΚΟΣΙΑΙΟΓΔΟ
```

Aus der Inschrift selber lernen wir über das Wesen des Anax leider nichts. Nur der in ihr erwähnte ἱερὸς οἶκος lehrt uns ungefähr den Kreis kennen, in welchem wir Anax suchen müssen, und in dem wir ihn bereits gesucht haben. Einen ἱερὸς οἶκος erwähnt auch die oben behandelte Mysteninschrift aus Magnesia[1]), ἱεραὶ οἰκίαι sind aus Eleusis bezeugt[2]), in Andania gab es einen οἶκος ἐν τῷ ἱερῷ (Dittenberger Sylloge Nr. 388, 113), und sicherlich gehört wohl auch das Haus des Pulytion in Athen[3]), in welchem die Mysterien parodiert wurden, und das zu Pausanias' Zeit der Verehrung des Dionysos galt, in diesen Zusammenhang. Mystische Kulte scheinen in solchen οἶκοι oft ihre Stätte gefunden zu haben, und vortrefflich passt zu dem ἱερὸς οἶκος τοῦ Ἄνακτος der οἶκος, den Philoxenos im Temenos von Samothrake den Grossen Göttern geweiht hat[4]).

Anax kann ursprünglich jeder Gott heissen wie ἀνάκτορον jedes Gottes Haus[5]). Aber allmählich hat sich

---

[1]) Vgl. auch die oben S. 91,1 citierte Inschrift aus Thisbe.
[2]) Rubensohn Die Mysterienheiligtümer in Eleusis und Samothrake S. 73.
[3]) Pausan. I 2, 5; Milchhoefer in Curtius' Stadtgeschichte von Athen XCVI 40.
[4]) Untersuchungen auf Samothrake I S. 41 Nr. 8. Conze zieht hieher auch das von ihm (Reise auf den Inseln des thrak. Meeres Taf. XVI Nr. 3) veröffentlichte Fragment, welches ich Athen. Mitt. XIX (1894) S. 527 nach einer Mitteilung von Phardys aus Versehen noch einmal herausgegeben habe. Die von mir a. a. O. vorgeschlagene Ergänzung lautet: Εὐα[γόρας] Ἀριδ[ήλου] τὴν σ[τι- βάδα] θε[οῖς].
[5]) Vgl. F. Deneken in Roschers Lexikon I S. 2444.

diese Epiklesis zu dem selbständigen Namen eines Gottes, eben des Kabir entwickelt[1]). Dagegen sind unter Ἄνακτες oder Ἄναχες immer die Dioskuren verstanden worden. Denn Pausanias' (X 38, 7) Zweifel, ob die im lokrischen Amphissa durch einen mystischen Kult verehrten Ἄνακτες für Kabiren, Kureten oder Korybanten zu halten sind, erklärt sich einzig dadurch, dass von der hellenistischen Zeit an die Gleichsetzung der Dioskuren mit den Kabiren üblich geworden war, und C. Robert (a. a. O. 862) hat sicherlich richtig geurteilt, wenn er in Amphissa den Dioskurenkult für das Ursprüngliche hält.

Vielleicht wird Mancher, der die vorstehende Untersuchung im wesentlichen billigt, einen Schluss vermissen: die Deutung des bärtigen Mannes auf den von Conze[2]) gesammelten Weihreliefs an die grosse Mutter auf Anax. Er wird dabei auf die Korybanten hinweisen, die uns in der Kultlegende von Thessalonike begegnet sind, und auf die phrygischen Jünglinge in Milet, die wir jenen gleich-

---

[1]) Es ist das ungefähr derselbe Process, den ich bei Zeus Eubuleus und Hermes Tychon nachgewiesen habe (Athen. Mitteil. XIX S. 62). Die dort in Aussicht gestellte Polemik gegen Furtwänglers Bemerkungen (Meisterwerke der griech. Plastik S. 562) kann ich jetzt unterdrücken, da das von D. Philios Athen. Mittheil. XX Taf. 6 veröffentlichte Weihrelief aus Eleusis die Deutung des vielberufenen Jünglingskopfs auf Triptolemos, wie mir scheint, zur vollen Evidenz gebracht hat.

[2]) Arch. Zeitung XXXVIII (1880) T. 3 Nr. 1 (N) 2 (M) 3 (Q.); S. 9. Auf den von Conze Athen. Mitt. XIII (1888) S. 202 und XVI (1891) S. 191 nachgetragenen Reliefs findet sich dieser bärtige Mann zweimal, auf einem Stück, das aus Magnesia am Maiandros stammen soll, und auf einem, das jetzt im Brit. Museum aufbewahrt wird.

gesetzt haben. Aber dabei muss einmal bedacht werden, dass die Verbindung des phrygischen Meterkults mit dem phoinikischen Kabirendienst durchaus keine religionsgeschichtliche Thatsache ist, mit welcher wir irgendwie zu rechnen haben, dass dieselbe erst eingetreten ist in dem Wirrsal jener späten Epoche, welche Kabiren, Dioskuren, Kureten und Korybanten sorglos durch einander wirft[1]). Dann aber scheint auch mir der Widerspruch, den Furtwängler (Sammlung Saburoff zu Taf. CXXXVII) und Robert (bei Preller I[4] S. 653, 2) gegen Conze's Deutung jener Votivreliefs auf Hermes-Kadmilos erhoben haben, berechtigt zu sein[2]). Es giebt nicht ein Relief dieser Art, das in Samothrake, der einzigen Stätte des Kadmiloskults, gefunden ist oder an einem Orte, für welchen der Dienst der samothrakischen Götter bezeugt ist. Die meisten stammen aus Athen und dem Piraeus, woher uns Kabirenkult nicht bekannt geworden ist. Aber der Meterkult stand da in hoher Blüte. Für Samothrake vollends ist die Annahme einer kultlichen Verbindung von Kybele und den Kabiren, von der Göttin der Höhe und den Dämonen der Tiefe ein Irrtum, gegen den sich jetzt auch L. Bloch in seinem Artikel über die Megaloi Theoi in Roschers Lexikon II S. 2527 mit Recht gewandt hat[3]). Wenn aber religionsgeschichtliche Be-

---

[1]) Preller-Robert I[4] S. 857.
[2]) Athen. Mitteil. XIII (1888) S. 204 hat Conze seine Deutung auf Furtwänglers Widerspruch hin etwas modificirt.
[3]) Der Artikel lag mir durch die Güte des Verfassers in Correcturbogen vor.

denken dagegen sprechen, dass die Hermesfigur auf den Kybelereliefs den Kadmilos darstellt, dann kann auch von einer Deutung jenes bärtigen Mannes, der mitunter auf diesen Denkmälern erscheint, auf den älteren Kabir oder Anax nicht die Rede sein. Dieser mag auch heute noch unbenannt bleiben, während die Gestalt des Hermes, deren Nachweis wir Conze verdanken, als Ersatz für den ungriechischen Attis keine Schwierigkeiten macht (s. Robert a. a. O.)

So sehr ich also die Darstellung der Kabiren auf jenen Reliefs leugnen muss, ebenso glücklich dünkt mich Conze's Versuch die Kabiren auf dem Friese des pergamenischen Altars nachzuweisen, den O. Puchstein (Sitzungsber. d. preuss. Akad. 1889 S. 330) noch zu besonderer Evidenz gebracht hat[1]). Schlagend ist die Deutung des den Hammer gegen den Stiergiganten führenden Gottes auf den älteren Kabir, den wir mit diesem Attribut auch auf den Münzen von Thessalonike gefunden haben. Beweisen lässt es sich nicht, dass auch die Pergamener zu dem älteren Kabir als dem Anax κατ' ἐξοχήν gebetet haben. Aber das haben Pergamons Kabiren mit dem Anax von Milet jedesfalls gemein: sie sind auch aus Uranos' Geschlecht.

---

[1]) Vgl. jetzt auch die Beschreibung der Skulpturen aus Pergamon I Gigantomachie (1895) S. 16.

INHALTSVERZEICHNIS.

		Seite
P. Wendland, Philo und die kynisch-stoische Diatribe		1—75
I.	Geschichte der Diatribe	3
II.	Ansichten über die Ernährung	8
III.	Ansichten über die Kleidung	15
IV.	Polemik gegen den Tafelluxus und die Gelage	18
V.	Weitere Polemik gegen Luxus	24
VI.	Das Verhältnis der Geschlechter zu einander	33
VII.	Formen des öffentlichen Lebens	38
VIII.	Philos Schrift über den Adel	49
IX.	Trostgedanken	56
X.	Resultate	61
	Anhang. Musonius und Clemens Alexandrinus	68
	Register	74
O. Kern, Zwei Kultinschriften aus Kleinasien		77—117
I.	Dionysos in Magnesia	79
II.	Anax	102

Verlag von **Georg Reimer** in Berlin,
zu beziehen durch jede Buchhandlung.

Neu entdeckte
Fragmente Philos
nebst
einer Untersuchung über die ursprüngliche Gestalt der Schrift
de sacrificiis Abelis et Caini
von
Paul Wendland.
Preis: 5 Mark.

Philonis
mechanicae syntaxis
libri quartus et quintus
recensuit
Richardus Schoene.
Preis: 2 Mark.

Philonis
de aeternitate mundi.
Edidit et prolegomenis instruxit
Franciscus Cumont,
Dr. phil.
Preis: 4 Mark.

Aristoteles
Metaphysik
übersetzt von
Hermann Bonitz.

Aus dem Nachlass herausgegeben
von
Eduard Wellmann.
Preis: 6 Mark.